Fundraising Booklet Series No,2
ファンドレイジング・ブックレットシリーズ

JN009027

ファンドレイジング最前線

日本ファンドレイジング協会 編

jfra 日本ファンドレイジング協会
Japan Fundraising Association

ファンドレイジング最前線

目 次 Contents

VOL.1 JCVをたずねて 世界の子どもにワクチンを日本委員会 3

VOL.2 日本財団をたずねて 日本財団 5

VOL.3 「公益財団法人 京都地域創造基金」をたずねて 京都地域創造基金 8

Column.1 20～40代が寄付する際に重視するのは対面の時間 11

VOL.4 あなたのチャレンジが世界を変える/あなた発のチャリティプロジェクト ジャスト・ギビング・ジャパン 12

VOL.5 社会貢献に「触れる機会」をTSUTAYAから TSUTAYAコーズブランドDVD 15

Column.2 フィランソロピストを育てるには～子供に良い行いを教えるためのポイント～ 18

VOL.6 オックスファム・トレイルウォーカー 自ら寄付を集めて参加するウォーキング・イベント 19

VOL.7 ラブケーキプロジェクト 国際NGOワールド・ビジョン・ジャパン 22

VOL.8 携帯電話からのダイレクト寄付の進化 ソフトバンクモバイル 25

Column.3 資金調達コストをおそれずに 27

VOL.9 人々の良心（イーココロ）をあつめるしくみ～イーココロ！ 28

VOL.10 日本初、大会すべて丸ごと「ファンドレイジング」！ 本栖湖ファンドレイジングマラソン 31

VOL.11 「指定NPO法人」－都道府県では全国初、神奈川県の取り組み 神奈川県県民局県民活動部NPO協働推進課 NPO支援グループ 34

Column.4 ボランティアしてくれる人が求めているものは？ 37

VOL.12 「誰もがやりたいことを実現できる、そんな社会を創りたい」 クラウド・ファンドレイジング「READYFOR？」 38

VOL.13 休眠口座が日本の社会を創る 休眠講座国民会議 41

VOL.14 東京マラソンチャリティ“つなぐ” 東京マラソン財団 44

Column.5 寄付のお願い以外に寄付者とコミュニケーションをとるための10の方法 47

コラム執筆
伊藤 美歩

テキサス州のサンアントニオ交響楽団、ハリウッドボウルの勤務を経て、ロサンゼルス・フィルハーモニーで活動拠点となるウォルト・ディズニーコンサートホール建設のためのファンドレイジング・キャンペーンのマネジャーを務める。2005年5月、有限会社アーツブリッジを設立。日本ファンドレイジング協会理事。

ファンドレイジング最前線 聞き手
イノウエヨシオ

30年以上、子どもたちを指導。幼児向けテレビ番組で「自然と遊ぼう」など、環境教育や子ども向けワークショップを行うとともに、次代をテーマにした新社会人向けや共感CM、社会起業家養成など幅広く指導している。

ファンドレイジング最前線 聞き手
三島 理恵

大学卒業後、独立行政法人国際協力機構にて勤務。2009年6月より現職。学生時代は、障がい者のご家族の家族関係学を研究。
ファンドレイジングに関する唯一の専門誌ファンドレイジングジャーナル「Fundraising」の編集を担当するとともに、総務、会計など管理部門も担っている。

掲載記事の内容は取材当時のものとなっております事を、予めご了承下さい。

このブックレットは当協会発行のファンドレイジング・ジャーナル［fundraising］第1号～第14号に連載された『ファンドレイジング最前線』及び『世界のジャーナルから』よりコラムを抜粋し再編集したものです。

ファンドレイジング最前線 Vol.1

JCVをたずねて

The front of fund raising vol.1

日本の「寄付文化が変わりつつある」昨年、多くの新聞に紹介された記事。

認定NPO法人「世界の子どもにワクチンを日本委員会」（以下、JCVと称す）が昨年、初めて実施した「僕のルール・私の理由」エッセイコンテストに際してメディアに数多く登場した。

「寄付をするというと、女性が多いという印象がありますが、エッセイコンテストにご応募いただいている内容を拝見しておりますと、意外に若い男性が多くて、JCV理事長である細川佳代子も『日本もまだまだ将来が期待できるわ』と喜んでおりました」と語る、JCV事務局広報マネージャーの若林直子さん。

若林 直子さん

福岡ソフトバンクホークスの和田毅投手が、投球数や試合結果に応じて、ワクチンを贈るという「僕のルール」を自らに課して、それが彼にとっても試合に臨む大きなモチベーションになっていることはあまりにも有名だ。彼は、いくらという金額を寄付するのではなく、ワクチン何本という支援を行っているという。「現在はリハビリ中ですが、和田投手は、ずっと投げ続けて10万本のワクチンを贈りたいという抱負を掲げているんですよ」と明かしてくれた。

あなたも自分のルールではじめませんかと呼びかけた、この公共広告機構（AC）のCMに触発されて、個人や企業が次々と「僕のルール」をつくってそれぞれ思い思いのやり方でワクチンを贈る活動を始めた。JCVの特設サイトで紹介されているのは、同じ野球を行っている高校球児が各自のルールを部員一人ひとりが決めて挑戦していたり、トンネル建設会社が作業の進捗に応じてワクチンを贈ることで公共事業を担っていると自負する仕事がより社会の役立っていると認識できたり、

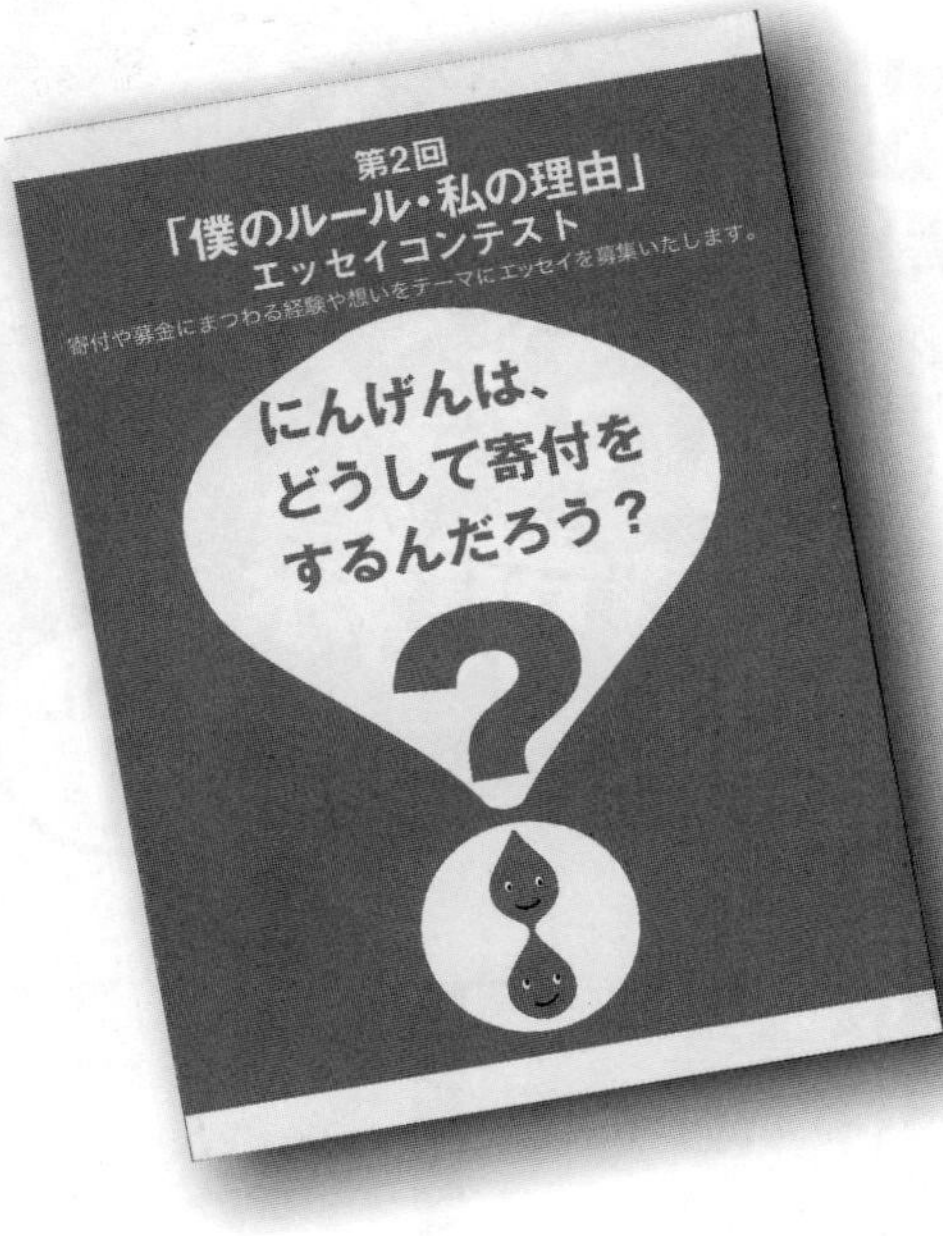
第2回
「僕のルール・私の理由」
エッセイコンテスト
寄付や募金にまつわる経験や想いをテーマにエッセイを募集いたします。
にんげんは、どうして寄付をするんだろう？

ほかにも銀座のドーナツ店ではエコに配慮した簡易包装をお客様が選択するとその容器代をワクチン代として寄付したり、京都のタクシー会社では走行距離に応じて、保険会社や新聞販売店では契約件数に応じてなど本当にさまざまな取り組みが紹介されている。

しかし、こうしたエッセイコンテストを実施した背景のひとつは、意外にも「危機感」だったと若林マネージャーは言う。

「実は昨年の6月を以て、ACでJCVをとりあげていただくのはいったん打ち切りになったんです。それでこのままでは私たちの活動は縮小していってしまうのではないかとの懸念から、外部からの提案を受けいれて新たな広報戦略として多くの人々にどうしたら認知してもらうかと取り組んだんです。」

こうしてできたのが、エッセイコンテストで、予想を上回る応募総数となり、ネット上での読者投票やJCVスペシャルサポーターによる審査員が選考にあたった。受賞者への賞品がまたユニークで、副賞としてそれぞれの審査員からの「世界でひとつだけの特別授業」を受けられる権利というものだ。例えば、JCV理事長の細川佳代子賞は、熊本を細川佳代子自らがハンドルを握って案内し、伝統の料理に舌鼓をうつというものだったし、歌手の早見優賞は、受賞された生徒さんの在籍する学校に早見さんが出かけていって、子どもを持つ母親の視点で感じていることを講演する内容だった。それぞれの審査員ならではの特色をうまく活かした構成になっている。その時期に前後して、ニュースリリースを発信した結果、新聞大手5紙はもとより、全国47都道府県のうち、45紙で取り上げられたという。

また、今年、JCVが創立15周年を迎えたことを記念して、初めて「JCVワクチン・シンポジウム」を開催。新型インフルエンザのパンデミック対策の陣頭指揮に立つ、WHOメディカル・オフィサーで、JCVスペシャルサポーターも務める進藤奈邦子さんやユニセフ・ミャンマー事務所の保健衛生部長として途上国の現場で活躍する國井修さん、国立医療センター研究所の櫻田紳策さんなどが集まり、国連大学ウ・タント国際会議場で300名もの参加者とともに15年をふりかえりながら、ワクチンの現状と問題点について認識を深めた。ここでも40名を超えるボランティアが参加して運営。スペシャルサポーターやボランティアの絶大な協力を得られることがJCVのひとつの特徴ともいえる。毎月開催される「ボランティアデー」では活動紹介やボランティア作業を行うためにいつも新しい参加者が訪れ、何度もきて顔なじみになっているボランティアと交流している。全国規模で広がりをみせているエコキャップ運動でもキャップの売却益はワクチンに代わっていると言う事でJCVとのつながりが大きい。こうした裾野の広がりこそが、一団体でありながら「にんげんは、どうして寄付をするんだろう？」と呼びかけて「僕のルール・私の理由」エッセイコンテストに応募が多く集まる理由であるのかもしれない。

和田投手の投げかけた「僕のルール」。個人や企業に大きな反響を呼びながら、日本の寄付文化の確実な変化をこのエッセイコンテストから実感することができる。

●

本年の「第2回エッセイコンテスト」は9月30日締め切りで100―400字のエッセイは誰でも応募できる。若林マネージャーは目を輝かせて語る。「あなたのルールをみんなに知らせて、たくさんの人の心を動かす、原動力にしてください。福岡ソフトバンクホークス和田毅投手がはじめた「僕のルール」のように」

第2回「僕のルール・私の理由」エッセイコンテスト → http://bokururu.jp

ファンドレイジング最前線……VOL.2

「日本財団をたずねて」

日本財団 総務グループ
ファンドレイジング チームリーダー　長谷川 隆治

街中にたたずむ多数の自動販売機。その数は５６０万台、年間売上７兆円にも及ぶという。いまや地域のベンダーというだけでなく、防犯の拠点や災害時の補給基地としての機能などその役割は幅広い。

すでに３３０台が全国に誕生！

その中で、最近、急速に拡がりつつあるのは、『寄付金付きの自動販売機』だ。日本財団では寄付プロジェクト「夢の貯金箱」の一環として「夢の自動販売機」に取り組み、２００８年６月よりスタートしたばかりだがすでに全国に３３０台を設置し、地域のＮＰＯなどの支援に役立てている。

日本財団総務グループの長谷川隆治ファンドレイジングチームリーダーはこう語る。「ご存知のように日本財団は助成財団としてどこよりも早くボランティア、ＮＰＯ支援をしてきました。しかしＮＰＯ法ができて10年たちましたが、期待していたほどの成果は生み出せていない、支援だけではだめで『日本に寄付文化そのものをつくらないといけない』ということから、寄付プロジェクト『夢の貯金箱』を財団として始めました。そのなかで自動販売機の設置企業様から『寄付金付き自動販売機』を受け入れてもらえるかと打診があり、自動販売機は身近にあり、誰でも寄付に参加できるものであることから始めました」。

日本財団は競艇の財源による助成事業と、企業のＣＳＲの推進、個人の寄付文化の醸成を三本柱としているが、企業においてＣＳＲに取り組みたいが、なかなか人員をさくことの難しい中小企業でも取り組める寄付金付き自動販売機はいいプロジェクトだと思っているとのことだった。

夢の貯金箱

「夢の貯金箱」あなたの善意で、社会は変わる。日本に寄付文化を！

国や自治体では解決できない問題がたくさんあります。制度のはざまで苦しんでいる人が大勢います。「夢の貯金箱」は、みなさんの「夢」を集めて大きくし、本当に支援を必要としている人たちに届ける貯金箱です。集められた寄付金は「大切な命」や「夢」をテーマに活動するNPOと共に、大切に効果的に活用しています。「夢」を一緒にかなえてくれるパートナーをお待ちしています。

お父さんが家族に毎日話す寄付

こうしたプロジェクトも日本財団の笹川陽平会長の「寄付をいただく工夫を自分たちでしよう」という提案に呼応して、財団職員が時間外にボランティアとして話し合ったところからスタートしているという。「様々な部署から集まったメンバーで、自分たちができることは何かと夜な夜な議論していきました。それが今のファンドレイジングチームのもとになっていて、現在は『大切な命』や『未来への夢』をテーマにしたプロジェクトに取り組んでいます」。夢の貯金箱では様々な寄付の仕組みを提供しているが、寄付金付き自動販売機では、ジュースを3本飲んだだけでも、「お父さんは今日30円を寄付したよ」と家族に話をすることができる。そうしたことを通じて寄付が日常生活の中に入り込み、身近になっていくのだ。

夢の自動販売機＝エコ（環境に優しい）

また「夢の自動販売機」は、最新型のエコ型機器を採用していて、以前の機種だと電気代が月々7，000円ぐらいであったが、最新のヒートポンプのタイプだと2，000円ぐらいになるそうだ。自動販売機は置き換えの需要は多いので、これは夢の自動販売機が拡がる理由の一つになっているのだろう。また「日本財団のポリシーとして情報公開を徹底して行っていこうとしています。そこで自動販売機のPRスペースで寄付がどのように活かされているか、活動状況を報告するポスターをいれています」。飲みたいからジュースを買い、知らず知らずに寄付をしているのかもしれないが、毎日の中ですこしずつ、振り返ってみると自分はいつの間にか寄付していて、それはこんな風に課題解決に関わっているのだと参加意識が出てくる。「この

ここが違う

●寄付金額が大きい
（ほかの寄付金付き募金が2-3円などに比べて、120-100円のドリンク代のなかで10円が寄付される）

●100%寄付が活かせる
（運営資金はいっさいとっていないので、100%寄付が用途に活かせます）

●環境にやさしい
（エコ型の自動販売機の設置を進めていきます）

ように社会課題を知ってもらうこと、例えば犯罪被害者の問題について関心のない人に理解してもらうのは大変で、寄付をしてもらうこともっと大変ですが、物販を通じて自然とそのなかで知っていく、そういう手法は大切だと思っています」。それはまた自分たちで寄付文化をつくっていくことでもある。アメリカでは1世帯あたりの寄付額は年間21万7，974円に対して、日本は年間4，460円（平成17年内閣府税制調査会資料を元に計算）だが、これは1日当たりに直すとアメリカ597円に対して、日本は12円（1世帯あたり、1人あたりに直すと4．9円）であり、一日1本分（10円）の寄付であったとしてもそれが継続するならば、日本の寄付文化は倍増する計算になるのだ。国内のインフラとして隅々にまで入り込み、毎日のように利用する自動販売機だからこそ、その効果が大きい。

「夢の自動販売機は寄付文化のなかで、Win-Win の関係、寄付をもらう側はもちろん、設置してくれた企業もうれしい、そして寄付した人も楽しい、そしてエコな自販機ならば環境にもやさしくなります。他方、もらう側のレベルも高めて、いいNPOを増やしていかないといけないし、寄付文化も育っていきません。そこでNPOのファンドレイザーの養成もしていくことがとても重要です」。夢の自動販売機の「ノドと心を潤す」のコピーが光っている。ただ好きな商品を選択して飲み干すだけでなく、それを通じて遠くの誰かとつながっていることを感じられるのは、素晴らしいことではないだろうか。

日本が世界に誇れる寄付文化へ

日本財団の新しい取り組みが TOOTH FAIRY（トゥース・フェアリー）だ。これは歯科医だからできるCSRとして、治療で不要となった歯科撤去物をリサイクルし、社会貢献へ活用しようとするもの。「笹川会長がWHO（世界保健機関）ハンセン病制圧特別大使をしていて世界の現場へ数多く訪れていくなかで、ドイツの救らい協会がドイツ歯科医師会の協力で廃棄金属の支援で成果を上げていることを聞き、ぜひ日本でも実施したいと日本歯科医師会へ3-4年ごしで働きかけて、このたび全面的にご協力いただけることになりました」。このプロジェクトは日本歯科医師会という業界団体のCSRとして取り組んでもらっていて、もし歯科医の加盟員6万5，000人全員が取り組んでいただけると、日本が世界に誇れる寄付文化になる可能性を秘めている。現在は、できるだけ多くの参加を呼び掛けていて、今年の6月1日から始めて、現在1，200医院（11月25日時点）と1千人を越える協力を得ているそうだ。

長谷川チームリーダーは熱い思いで手を握りしめて、こう語る。「歯が健康な人ほど、全身の健康状態が良好であることがわかっています。このプロジェクトを通じて、歯の大切さもPRし、参加していただいた歯科医師にも喜んでいただきたいと思っています」。

歯科医師だからできること…

歯の妖精からの贈りもの

TOOTH FAIRY
トゥース フェアリー

（歯の妖精：西洋では子どもが抜けた乳歯を枕の下に置いて寝ると、夜中に妖精がこっそりとその歯をもらいに来て、お礼としてコインと交換していくと言い伝えられています）

今、日本財団では歯科医師による社会貢献プロジェクトとして「TOOTH FAIRY」を推進しています。これは、歯科治療により不要となった金属（金・銀・パラジウム等）をご寄付いただくことで得た資金を100%全額社会貢献活動に活用するものです。具体的には、小児がんの子供たちの支援や東南アジアの山岳僻地での学校建設などに役立てます。

ファンドレイジング最前線…… VOL.3

「公益財団法人 京都地域創造基金」をたずねて

公益財団法人京都地域創造基金理事長　深尾 昌峰さん

今年の元旦に「京都府民だより」のトップ誌面を飾ったのは、京都府山田知事と対談する着物姿の深尾さんの姿でした。長年、きょうとNPOセンターの常務理事・事務局長として活躍されてきた京都地域創造基金理事長の深尾昌峰さんは「地域に暮らす一人ひとりが京都の未来を創（つく）る大きな力」になるとして、社会全体でNPOの活動を応援する京都発の先駆的な取り組みを紹介されていました。「京都地域創造基金は、まだできたての財団で半年の実績しかありません。日本で初めての市民出資型の公益財団法人で、300人以上の寄付によって設立されました」実はその設立の背景にはいくつもの「くやしい想い」があったからだと語る。「とある研究者は『日本にNPOはない。行政から金をもらっているようではNPOとは言えない』という。ただ多くのNPOは歯をくいしばってがんばり、新たな公共の担い手といわれたりしますが、気がつけばそういったものを支える基盤がないことは明らかでした」きょうとNPOセンターのほかにも日本で最初のNPO法人放送局「京都三条ラジオカフェ」の設立者に一人でもある深尾さんは、電波免許を交付してくれなかった「国の壁」や融資を実行してくれなかった「民の壁」など愕然とするやり場のない「悔しさ」をあじわってきた。資金があれば経営資源（ヒト、モノ、場所など）の問題の多くは解決していくため、社会的な流れによってお金の流れを創り出さねばと感じていたそうだ。

京都は昔から町衆等、住民同士の結びつきの強い土地柄。NPO数では全国の16％が集中する東京がどうしても多くなるが、人口10万人あたりのNPO数では全国2位の37・6団体を数えている。「NPO数が多いのは逆に一種の不幸でそれだけ社会的な課題が多いともいえるのかもしれません。が、京都は「民度」が高いと感じます。一種の反骨精神です。きょうとNPOセンターの名刺は各自それぞれが色を選んでいて、僕の名刺はすこしくすんだ色をしているんですが「京紫」という伝統色で、江戸紫に対しての色です。そういう進取の気風をもった人、そういう取り組みが多い京都。民衆は自分たちの取り組みで自分たちの生活を守ってきたのだと思います。また、「大学のまち」であることからも、学生を「学生さん」と親しみを込めて呼ぶように、若い人たちを包容していく町で

Profile
公益財団法人京都地域創造基金理事長
深尾 昌峰さん

1974年生まれ。滋賀大学大学院修了。1998年きょうとＮＰＯセンター設立と同時に事務局長に就任。2001年には日本で初めてのＮＰＯ法人放送局「京都コミュニティ放送」を立ち上げ、事務局長も兼務。また2003年から2007年までは京都市市民活動総合センターの初代センター長をつとめた。2009年京都地域創造基金理事長に就任。京都大学大学院公共政策研究科非常勤講師など。

公益財団法人
京都地域創造基金
PLUS-SOCIAL

市民活動を支えるのは市民社会

多くの市民の"想い"が実現する
豊かな地域社会の創造をめざして
お金の新しい流れを創出します

意志ある寄付が
社会を変える

for
Positive
Social
Change

市民活動に必要な
お金の流れを
新たにつくりだします。

研究者を含めて、ちゃんと社会とつながっていくんです。進取の気勢とリソースがあり、盆地の中で文化的な基盤があって、そのなかで地縁が強い。いま、自治組織とＮＰＯがどう協働していくか。そういうことも総合して「民度」だと思います」

お話を伺っていて、よその地域ではそういうつながりにならなかったのではないかと感じる。京都の町家は「うなぎの寝床」と称される通り、間口が狭く奥に細長い家屋。染物屋などの職場として機能的であるという面があったにせよ、間口に応じて課税されたことから狭くしたという反骨精神の表れだったのは有名だ。幕末の混乱を経て明治維新を迎えて、町は荒れ、都は東京に移ったが、人々は明日の京都をどうにかしなければならないと考えた。それは「子どもだ、未来に投資するのだ」とまだ文部省がなかった頃に、全国に先駆けて町内ごとに「番組小学校」を自分たちで出資して作っていった。その時に考え出された住民が応分に負担する方法が「竈金（かまどきん）の精神」と呼ばれる、その家にいくつおくどさんと呼んだかまどがあるかの数に応じたやり方だった。お上に対しては反骨していても、自分たちで考えるならばそうした工夫や知恵がでてきたのだ。昨今、「新しい公共」のことが話題にのぼるが、このエピソードには自治というものについて考えさせられるものがある。

「新しい時代へ向かうのに新しい仕掛けやリニューアルが進んでいません。そういう中で中間支援組織のきょうとＮＰＯセンターが10周年を迎えるにあたって、記念事業を構想した時、ＮＰＯを支えるお金の流れに真正面からぶつかってみようということで、公益財団法人をつくる計画に取り組みました。まあ、しがないＮＰＯの10周年で財団をつくれるというのは非常に象徴的でした」と語る。きょうとＮＰＯセンターの設立以来のキーワードは『市民活動を支えるのは市民社会である』。その具体的な展開として公益財団法人という新しいしくみやルールをつかって進めていこうとしたという。「公益財団法人はハードルが高いのですが、税制優遇環境を実質的にＮＰＯに届けるための選択でした。認定ＮＰＯ法人制度が現状有効的な制度でない中での抵抗です。寄付は頼まないと集まらないのに我々側の道具だてがあまりにも少ない等が背景にあるんです」

新しい制度では財団法人は３００万円あれば設立できる。そこで市民財団として基本財源を１，０００円一人10口以上で３００人の方に出資していただいた。その中でファンドレイジングは改めて楽しいと思ったという。「理解して共感していただけるのは、実に楽しいです。出資金の一番下は２，０００円でした。ある学生がやってきて、一口１，０００円と聞いたのでこれでもいいですかと、千円札を握りしめてもってきてくれたんです」。その時のことを思い出すと今でも涙が出てくるという。中にはそんなにチマチマした額でなく基本財産の３００万円は１人で出そうという社長がいたが、断ったそう。「我々はこだわって３００人集まらなかったらやめようとＮＰＯの覚悟を問いました。誰かが出してくれるのでなく、自分たちが主体となって取り組んで行く決意をみんなで表現したかったんです」。

そうした設立時のみんなの想いを結実して「私たちが応援したいＮＰＯ」

を認めるしくみとしてＮＰＯの社会的認証のしくみを取り入れたり、地域の信用金庫と「アライアンス」して給与の端数寄付や国際ボランティア貯金の地域版のようなことを構想したり、京都府と融資の制度を開発したり、（ＮＰＯ法人の公益活動を資金面から支えるため、京都府が利子分を応援する実質無利子融資）したり、ＮＰＯに税制優遇を届ける「事業指定助成」や地域への「テーマ別提案型プログラム」など様々な、先駆的取り組みが用意されている。

うまく行かないからあきらめてしまうのではなく、目標に対して現状があり、その差が課題であるならば「そうきたか」とそれを突き崩すために挑戦してきた、その連続だったように感じた。『ファンドレイジング・日本２０１０』の最初のセッションで神奈川子ども未来ファンドの米田佐知子さんとともに上がった舞台から、深尾さんは想いを込めてこう結んだ。

「より良き地域をつくりだすのに京都のしくみを真似して活用していただければと思います。仲間にはノウハウはすべて開放します。私たちは常に仕組みを変えるためにどうしたらよいか、どういう制度仕組みが必要かを問いかけていきます。私個人の今年のテーマは、社会をあきらめない、自分をあきらめない、京都をあきらめない、です」。

京都地域創造基金の先進的な取り組み例

寄付者が独自に助成金プログラムをつくれる制度ー寄付を価値あるものに

冠助成・冠褒賞事業

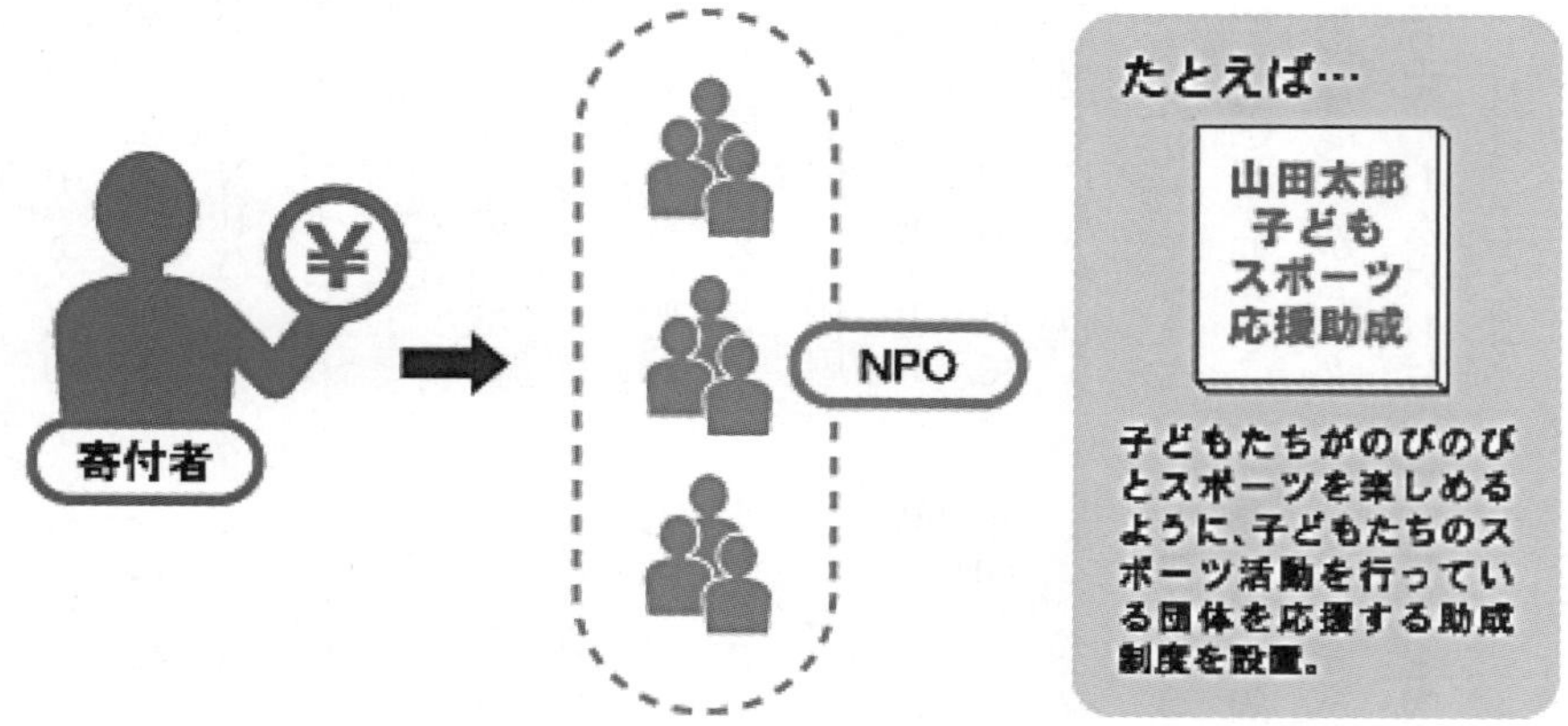

¥
寄付者
NPO
たとえば…
山田太郎
子ども
スポーツ
応援助成
子どもたちがのびのびとスポーツを楽しめるように、子どもたちのスポーツ活動を行っている団体を応援する助成制度を設置。

財団に寄付をすることで、NPO を支援する寄付者オリジナルの助成プログラムをつくり、寄付者の思うより良き地域社会づくりに貢献できる制度。ただ寄付金を NPO に届けるだけでなく、プログラムの名称はもちろん、助成対象・分野・金額など、寄付していただいた方の想いを反映できる。（寄付は税制優遇の対象）寄付する方が気になっていること、困っていること、こんな地域社会にしたいということに対して積極的な解決や改善に取り組んでいる市民活動団体を応援できる。寄付金を有効に活用し、より良き地域社会の発展につなげることができる制度。

特定の事業に対して、寄付したり、助成を受けたりできる制度ー NPO に税制優遇を届ける

事業指定助成プログラム

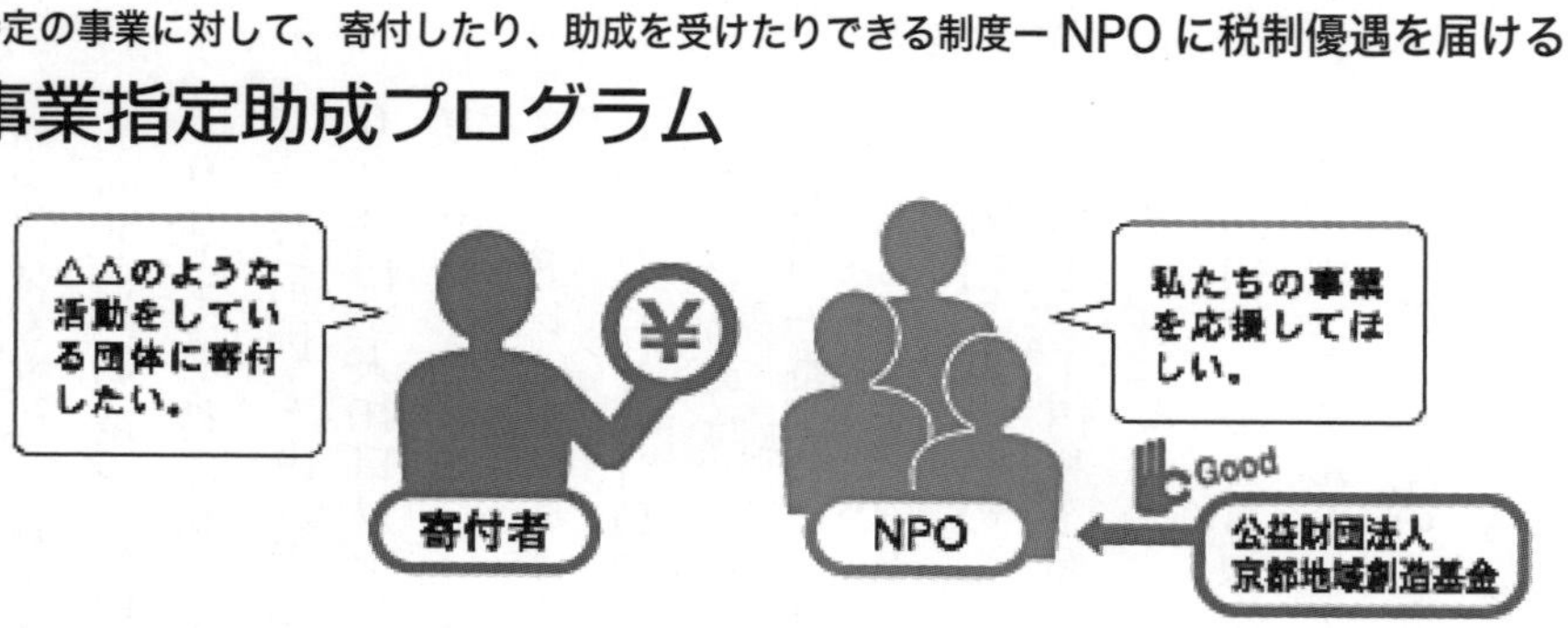

△△のような活動をしている団体に寄付したい。
¥
寄付者
私たちの事業を応援してほしい。
NPO
Good
公益財団法人
京都地域創造基金

寄付者は用件をクリアしている団体の中で、自分が支援したいと思う事業に取り組んでいる団体に対して、寄付できる。（寄付は税制優遇の対象）助成先となる団体は、応援して欲しい事業に対する助成を受けることができる。

コラム Column 1

20〜40代が寄付する際に重視するのは対面の時間

一般的に20〜40代というと携帯やテクノロジーを介したコミュニケーションがメインだと結論づけてしまいがちですが、実際にはこの年代の寄付者がお金や時間を寄付する際に重視するのは対面の時間だそうです。

「2010ミレニアム世代寄付者に関する調査（20〜40歳の2200人が対象）」によるとミレニアム世代やジェネレーションYは、ベビーブーマーやジェネレーションXの寄付者とはかなり違う非営利セクターとの関わり方を望んでいるようです。調査によれば、ミレニアム世代は金銭的に支援するだけではなく、実際に理事会のリーダーとともに組織の今後の方向性を決めるようなプロセスに関わりたいと思っているという結果が出ています。この調査を行ったAchieve社のトップは、「ミレニアム世代は寄付という取引的な関係だけでなく、もっと深く関わりたいと思っている。団体とのつながりを重視し、組織のトップと一緒に団体の方向性を一緒に考えるような機会を喜ぶ。また自分たちの寄付が受益者にどのようなかたちで届くのかを把握したい。従来のような関わりだけでは満足しない寄付者たち。これまでの方法より手間がかかるが、団体には新しい関係構築の方法が求められている」とコメントしています。

調査の主なポイントは以下の通りです。

86・3％が**事業の進捗状況**について知りたい、**54・6％**が**組織や収支状況**を知りたい、**68％**が**ボランティア機会についての情報**を知りたいと回答

75％が**理事会や事務局のトップと一緒に組織の方向性**を考えたり（長期計画策定）**現在の課題に対する解決策**を考えたりすることに興味があると回答

誰に依頼されたら寄付するかという問いに対して**74・6％**が家族や親戚、**62・8％**が友人、**37・8％**が同僚という回答

71・7％が自分が支援している団体について**家族や友人に話したり寄付を依頼**したりすると回答

団体とのコミュニケーション方法については**93％**が団体からの情報は**Eメール**でOKと回答。**フェースブック**は**23・8％**、**印刷物**は**26・9％**。

ミレニアム世代は現時点でそれほど財力があるわけではないけれども、関係性を築ければ団体の伝道師となってくれる人たちであり、20〜30年後に金銭能力がついてきたときには関係性をもっている団体を支援してくれることでしょう。

レポートのダウンロードは www.millennialdonors.com から。

ファンドレイジング最前線…… VOL.4

あなたのチャレンジが世界を変える／あなた発のチャリティプロジェクト

ジャスト・ギビング・ジャパン

JustGiving Japan

佐藤 大吾さん

自転車にやっと乗れるようになったばかりの、チャーリー・シンプソン君はまだたった7歳。彼はおかあさんと一緒に、たまたまテレビで流れたハイチ大地震の映像をみて心を痛めた。「大変なことが起きちゃったんだね。ボクにも何かできることはないかなぁ」と考えた。

おかあさんはJustGivingに登録して彼のサイトを開いた。彼は「ボクはやっとうまく自転車に乗れるようになったから、ロンドンの公園を自転車でがんばって走るよ。大変なことになっているハイチのみんなに食料や水、テントを買うお金を集めたいんだ！」と訴えた。

当初の目標金額は５００ポンド（約７２，０００円）だったが、英紙がチャーリー君の行動を取り上げて、市民からの共感が拡大。応援しようとする義援金は一気に伸び、一か月で20万ポンド（約２，８８０万円）も集まった。英ブラウン首相（当時）もツィッター上で「7歳の子の資金集めの取り組みへの反応に驚いた」と書き込んだ。

このJustGivingが3月からいよいよ日本に上陸、サービスを開始したので、一般財団法人ジャスト・ギビング・ジャパンの業務執行理事、佐藤大吾さんにお話を伺った。

「約2年間、個人から寄付を集めるインターネットサービスの成功事例を、日本国内だけでなく世界中から探しました。ＮＰＯの資金集めの方法で重要なことは、できるだけたくさんの人から、無理のない金額を、継続的に寄付していただくことです。イギリスで見つけたJustGivingの仕組みは本当に素晴らしいと思ったのです」

「このサービスを日本で展開したい！」と思って見ず知らずの相手に正面からアプローチしたのがすごい。ウェブ上にある代表メールアドレス宛てにメールを送り、面会依頼をしたという。途中、条件面など厳しい交渉があり、一時はあきらめかけたこともあったそうだが、無事にイギリスの運営会社Giving.com社とライセンス契約が締結できた。そしてリリースまで約一ヵ月。システムがちゃんと作動するか、クレジットカードで寄付を決済できるかなど、様々なチェックを乗り越え、元プロ野球選手の古田敦也さんを始めとした著名人からの賛同も得て、３月9日にはサービス開始の会見イベントを行うなど、本国イギリスが驚くほどのロケットスタートを切ることができた。

JustGiving Japanに参加するには次の二つの方法がある。一つは「チャレンジャー」として登録し、ＮＰＯのために寄付を集めることだ。「走る」、「ダイエットする」など自分のチャレンジを通じて、支援したいＮＰＯの寄付を、友人、知人などに呼びかける。自分が応援したい団体を寄付先として選び、チャレンジにかける想い、応援したい理由などを

［世界のチャレンジャーたち］

ロンドンマラソン出場者の、なんと60%が利用！
2009年度には35,000名の出場ランナーのうち、20,999名（前年比＋17%）がJustGivingを通じて寄付を集め、1693団体の非営利団体に約38億円が贈られました

イラクで両足を負傷した兵士フィル・パッカーもロンドンマラソンに挑戦した

ロケット弾の攻撃を受けて一時は二度と歩けないだろうといわれていた彼は、ロンドンマラソンに出場し、松葉づえをついて毎日約3kmずつ歩いて、約2週間後に数百人が見守る中、ゴールした。負傷した兵士を支援する慈善団体Help for Heroesのために目標額100万ポンド（約1億4000万円）を掲げていたが、結果的にはそれを大きく上回る120万9800ポンド（約1億9300万円）を集めている。「全部で5万2400歩だったがマラソンに参加している間はいつも誰かが一緒に歩いてくれたんだ。それは学校給食係の女性やタクシーの運転手、スコットランドヤード（ロンドン警視庁）の警官だったりとさまざまな人たちだった。大勢の人たちと話をしたが、どの人も従軍する兵士について思っていることを正直に話してくれたよ。とてもありがたくて、申し訳ないぐらいの気持ちになったよ」とパッカー少佐は振り返った。

自動車事故にあったセクシーなTVプレゼンター／リチャード・ハモンド

ニックネームの「ハムスター」で知られイギリスを中心に数々の番組に出演する彼は2002年から参加する番組「TopGear」で本業である司会進行をこなしながら数々の体当たりチャレンジをしていた。そんな彼が番組中、2006年9月20日ドラッグカーでアタック中、時速400km/hで空中を舞い、地面にたたきつけられて九死に一生の重傷を負った。その時に重病の彼を搬送してくれたYorkshire Air Ambulanceのために JustGiving上で寄付を呼び掛け、約3100万円を集めている。

イギリス最高のオリンピック選手／サー・スティーヴ・ジェフリー・レッドグレーヴ

イギリスのボート選手として1984－2000年の5大会連続でオリンピックの金メダルを取得。世界中でもこの快挙を達成した選手は4人しかおらず、レッドグレーヴはそのうち唯一の持久力系スポーツでの受賞者。彼自身のチャレンジに対してJustGiving上でスティーヴ・レッドグレーヴ財団のために寄付を呼び掛けて約2億8000万円を集めている。

がんと向き合い、挑み続けたアマチュアアスリート／ジェーン・エミリー・トムリンスン

26歳のときに乳がんにかかり、35歳で全身に転移。末期がんにも拘わらずロンドンマラソン3回、ロンドントライアスロン2回、ニューヨークマラソン1回と大会に出場し、またヨーロッパからアメリカまで自転車で走行して多くの寄付金を集めたことで良く知られる。2007年43歳の若さでこの世を去る。

書き込む。そして、自分専用のマイページから応援してくれた方々へのお礼をコメントするなどつながりを深めることができ、今どのくらいの寄付が集まっているかがわかるようになっている。もう一つは「サポーター」としてチャレンジャーを支援することだ。支援したいと思うチャレンジャーのマイページにアクセスし、そこから寄付ができ、応援コメントを残すこともできる。そして次はサポーターも自ら挑戦を掲げて、チャレンジャーになっていく。

JustGiving Japanでは寄付としての預かり金のなかから、運営手数料とクレジットなどの各種手数料がひかれてしまう。ここで疑問に思うのは、それならば団体に直接寄付すればよいのではないかというものだ。「なので企業に対して、例えば社員の挑戦と応援に際して、手数料分だけを企業の社会貢献活動の一環として負担していただける動きも出てきています」とのこと。元々、本国のイギリスでは寄付する時には、国がその寄付分の20％以上を上乗せしてくれるGift Aidという制度があるので、JustGivingの手数料を引いてもまだ、直接寄付するより多い金額がNPO団体に届けられるため、寄付者の満足度も高いとのことだ。

「現状では開設して1ヵ月半で、チャレンジャーが約160人、サポーターが約600人で、約150万円の募金が集まっています。これは1人のチャレンジャーが2,500円寄付してくれる人を4人ずつ集めていることになります。一方イギリスでは1人のチャレンジャーが5～6,000円寄付してくれる人を7人集めています」アメリカ（FirstGivingの名称で展開、英JustGiving.com社の100％子会社が運営）は年間80億円、イギリス（英JustGiving.com社が運営）は年

Profile

佐藤 大吾（さとうだいご）さん

大阪大学在学中にキャリア教育事業を起業。98年NPO法人ドットジェイピー設立。これまでに約1万人の学生が参加、うち27人が議員として活躍。07年NPO法人チャリティ・プラットフォーム設立。社会に貢献したい人と支援を求めるNPOとの橋渡しとして全国優良NPO情報サイトの運営、企業に対するCSR、PR支援事業を行う。10年JustGiving　Japanを立ち上げる。早稲田大学客員研究員。著書『オモシロキ コトモナキ世ヲ オモシロク』（サンクチュアリ出版）『タネダミキオでございます』（新潮社）『人生のプロジェクト』（サンクチュアリ出版）他

間300億円を集めている。過去の本欄でご紹介した世界の子どもにワクチンを日本委員会「ボクのルール」のように、例えば1球投げるごとに20本分ワクチンの費用を寄付するというように、自分の目標を決めて寄付するという流れが広がっているが、JustGivingでは自分で目標を掲げて呼び掛け、周りの人々が応援として寄付をしてくれるというところが新しい。今後が楽しみなしくみだ。

自分自身でも人生初のトライアスロンにチャレンジして寄付を呼び掛け、2カ月でウェイトが7キロ落ちたという佐藤さんは、こぶしを握りしめてこう語った。「NPOの皆さんには、ぜひこのしくみをどんどん使ってほしい。寄付しようという気持ちは誰から頼まれるかが大切です。そして単に寄付してくださいとは誰でも頼みにくいもの。なので自分がチャレンジするからその応援として寄付してくれませんか?と頼んでみるのはひとつのアイデアだと思います」佐藤さん、がんばってください。

JustGiving Japan™

あなた発のチャリティ・プロジェクト。

あなたのチャレンジが世界を変える。英国発世界最大の寄付サイトが日本上陸！
イギリスでは 2001 年のサービス開始以来 1000 万人が利用。
累計の寄付総額は 5.4 億ポンド（825 億円）にも及びます。
http://justgiving.jp

[チャレンジャーとは]

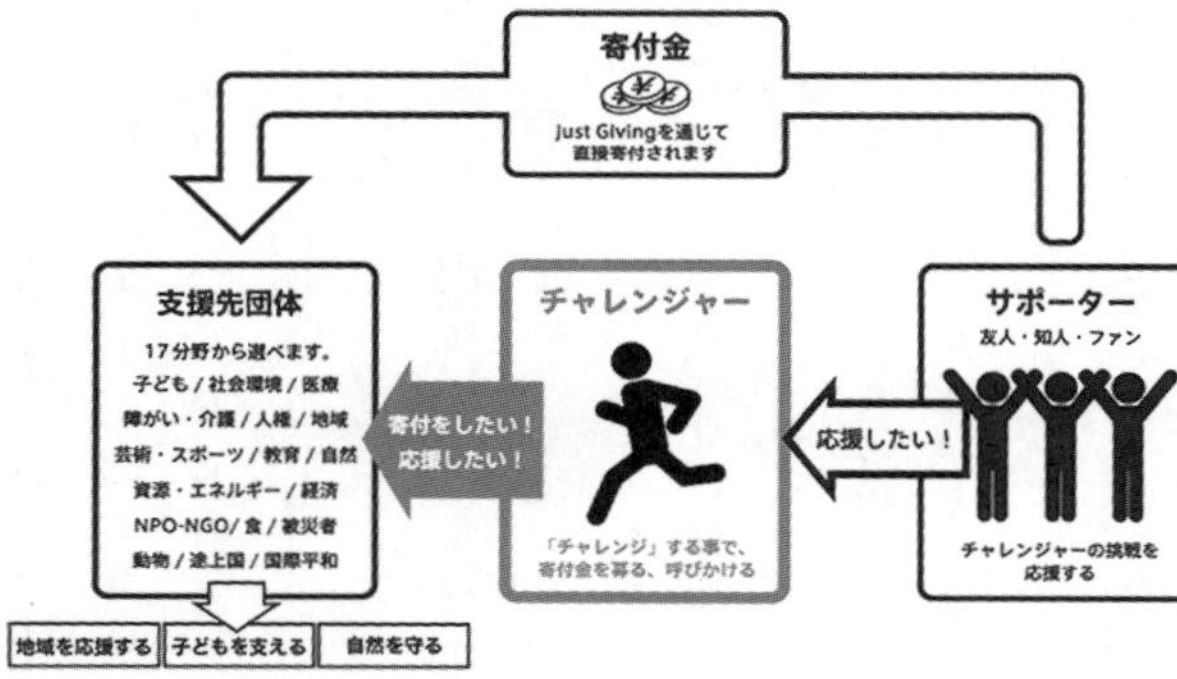

寄付金
Just Givingを通じて直接寄付されます
支援先団体
17分野から選べます。
子ども / 社会環境 / 医療
障がい・介護 / 人権 / 地域
芸術・スポーツ / 教育 / 自然
資源・エネルギー / 経済
NPO-NGO / 食 / 被災者
動物 / 途上国 / 国際平和
寄付をしたい！
応援したい！
チャレンジャー
「チャレンジ」する事で、寄付金を募る、呼びかける
応援したい！
サポーター
友人・知人・ファン
チャレンジャーの挑戦を応援する
地域を応援する
子どもを支える
自然を守る

→ 楽しみながら社会貢献できるしくみ
→ 一人よりみんなの力で大きな支援を
→ 日ごろの「つながり」をより強く
→ チャレンジのモチベーションをアップ
→ 社会問題解決のきっかけをあなたが作ります

[サポーターとは]

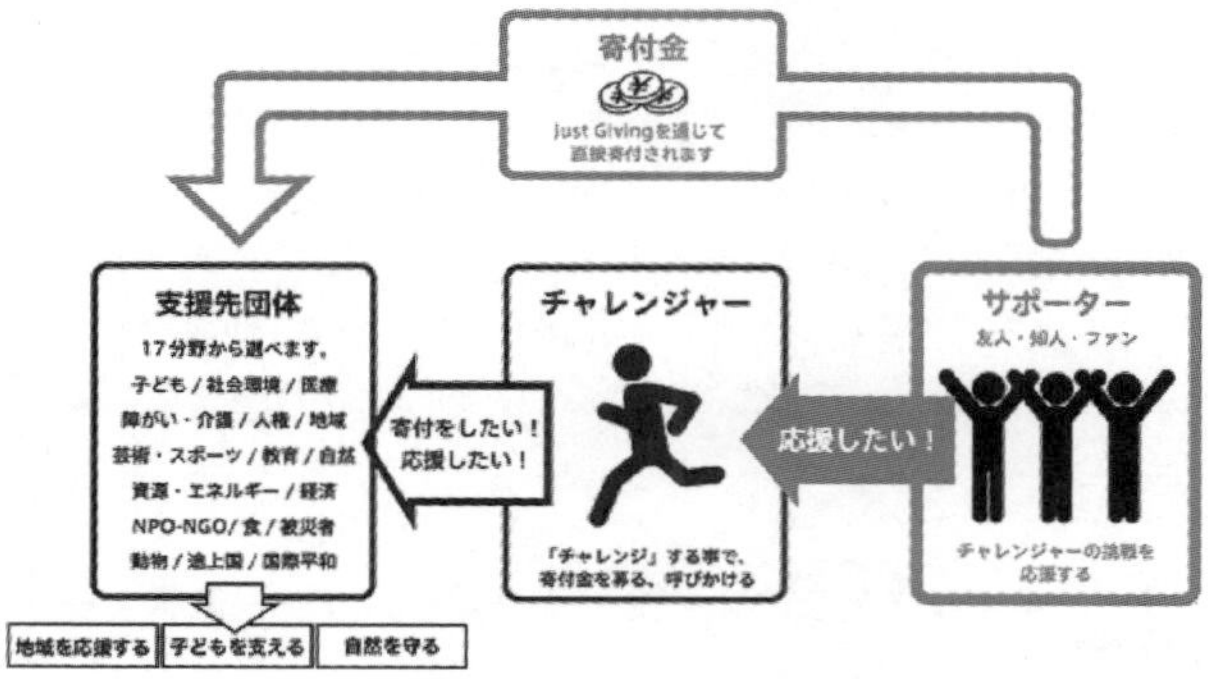

寄付金
Just Givingを通じて直接寄付されます
支援先団体
17分野から選べます。
子ども / 社会環境 / 医療
障がい・介護 / 人権 / 地域
芸術・スポーツ / 教育 / 自然
資源・エネルギー / 経済
NPO-NGO / 食 / 被災者
動物 / 途上国 / 国際平和
寄付をしたい！
応援したい！
チャレンジャー
「チャレンジ」する事で、寄付金を募る、呼びかける
応援したい！
サポーター
友人・知人・ファン
チャレンジャーの挑戦を応援する
地域を応援する
子どもを支える
自然を守る

→ あたたかい思いを分かち合うことができます
→ 応援するだけで「支援」ができます

楽しみながら社会貢献ができるしくみです。

誰もが難しい手続きがなく、自分のチャリティプロジェクトを立ち上げることができ、多くの人々が気軽に参加できるしくみであることが最大の特長です。

安心して寄付ができるしくみ：JustGiving

ファンドレイジング最前線……VOL.5

TSUTAYAコーズブランドDVD

社会貢献に「触れる機会」をTSUTAYAから

1983年大阪府枚方駅前に第1号店が産声をあげて27年。レンタルレコードから始まり、レンタルビデオ、音楽CD・DVD販売、書籍販売、そしてTポイント提携など、いまや全国1，400店舗、日本最大手の音楽・映像ソフトのレンタルチェーンとなったTSUTAYA。

TSUTAYA
Cause Brand
あなたの「学び」が世界をよくする
このマークの作品は、環境保全や人権擁護、教育支援に取り組むNPO、NGOなどとの団体とコラボレーションで制作したDVDです。
レンタル料金の約1/3 が各団体の活動費として還元されます。
レンタルでできる社会貢献
TSUTAYAコーズブランドDVD

テレビが家族の中心に座り「○○の放送が始まると風呂屋に誰もいなくなる」と言われた時代から、すべてが同じタイムテーブルである番組表ではなく、映像ソフトや音楽ソフトを自分の思い思いの時間帯で楽しめるように個人の復権を取り戻すことに大きな役割を果たしたと言える。

そのTSUTAYAが店頭で「社会貢献をレンタル」するという。

『レンタル』と『社会貢献』

地球規模の環境破壊、地球温暖化、食糧問題、貧困問題、紛争、教育、児童保護など、私たちの生活を取り巻く問題の多くは連鎖している。地球の裏側で起きている出来事は、今日の自分につながっている。それは、まるで生物多様性のように、同じ空の下に生きるあらゆる生物が、限りあるものを分け合って生きていることと同じなのだ。

今、世界では、社会貢献への関心が日に日に高まっている。一人の小さなアクションでも、連鎖することで、世の中を変える力になることを人びとが知り始めたのだ。それは学びとなって人から人に伝わり、やがて大きなうねりを生み、世界各地で実を結ぶ。

レンタルDVDは、1本のDVDを皆で分け合うシステム。あなたが手にしたDVDを私が続いて手にする。DVDを返すときには、私もあなたも、問題を知り、解決策を知り、その問題に取り組む人たちのことを知っている。観た事を誰かと話しているかもしれない。こうして問題は風化されずに、次の小さな一歩をつないでいく。そしてレンタル料金の一部は活動資金としてNPOに蓄えられ、観た人の知恵と関心はシェアされ、よりよい世界作りの土壌になる。貸し出された1枚のDVDが、社会貢献につながる瞬間だ。

『社会貢献が生活の一部に』

国際的な大手の支援団体やNPOでさえ、一般の方々とコミュニケーションをどう築いていくかは大変重要な経営課題だ。ましてや国内の中小NPOは、認知そのものが存続できるかの死活問題である。しかし、貴重な活動資金を広告や宣伝に費やせるほど余裕などない。

TSUTAYAは、全国に約1，400店舗あるだけでなく、普段の生活シーンに浸透している。そんな

「いつもの当たり前」の中に「社会貢献」に触れる機会があるのだ。社会貢献への共感が広がる中、活動を知らせたいNPO法人側と、「よく知りたい」というユーザーのニーズがかみ合い定着すれば、NPOにとって認知と資金調達の両方を満たすツールになるだろう。

この社会貢献活動について「知る機会」を提供するレンタルDVDは、TSUTAYAを展開するカルチュア・コンビニエンス・クラブ株式会社とNPO団体の活動や財務情報の開示と資金の助成をするNPOであるチャリティ・プラットフォームの働きかけで商品化された。

「知る機会の提供だけではなく、どこで何回レンタルされたかデータが蓄積されるので、NPOは自分たちの活動に関心の高い地域を知ることができます。このような機能を活かして、NPOのPRや具体的な支援につなげていきたいと考えています」と、語るのは、コーズブランドDVDを企画したカルチュア・コンビニエンス・クラブ株式会社 商品開発部の荒氏。

各NPOが制作したDVDは、レンタル料金（約300円）の約3分の1が収益金としてNPOの収入になる仕組み。各NPOのDVDのレンタル期間は3年間。約一万五千回から二万回のレンタル回数を見込む。社会貢献団体の支援につながるレンタルDVDはTSUTAYA初の試みで、北は北海道から南は沖縄まで、全国（一部店舗を除く）に設置される予定だ。

『観て、学ぶ』

さまざまな社会課題に取り組むNPO・NGOの活動の様子が収録されたこのDVDは、「コーズブランドDVD」と名付けられ、TSUTAYA各店の『学べるDVD』のコーナー「TSUTAYAビジネスカレッジ」の棚に並べられる。

レンタルでできる社会貢献 コーズブランドDVDの本質は、「借りること」ではなく、「観て、学ぶ」ことにある。コンテンツは、インタビューをつないだものや、活動の様子をドキュメンタリースタイルで追いかけたもの、活動の背景にある問題を深く解説するものなど、各NPOが『学び』として提供する。まさに、あなたの学びが、世界を良くするのだ。

『7月よりリリース開始』

第一弾は、子供を支えるNPOを中心としたシリーズを製作する。子供は乳幼児から18歳までを対象とするが、子供たちを支える私たち大人に社会貢献への参加を呼び掛けるNPOも含めた。最初の1本となる『NPO法人神戸国際ハーモニーアイズ協会』は、音楽や映像がもつ表現のチカラで「良心」をつなげていく活動を推進している。

NPO・NGO・一般市民・有識者・アーティストなど、社会をよくしていきたいと思う人なら誰もが参加できる「ユナイテッドアース」を新宿スタジオアルタの協力で定期開催している。ユナイテッドアースには、大阪府こころの再生府民運動のイメージソング『みんなトモダチ』作詞作曲し、各地の学校めぐりをする「Human Note」を率いる寺尾仁志氏や、映画監督、社会活動家として活躍する奇才てんつくマン、強いメッセージをメロディに乗せるロックバンド「おかん」、鹿児島大学稲盛アカデミーの奥健一郎氏、更には、NYを拠点にするマーチンルーサーキングJr・財団などが支援し、国際的なムーブメントになりつつある。

このイベントでは、初対面同士が感動と涙のハグとハイタッチで締めくくるというが、これだけの人々がつながりを持とうとする背景には何があるのか。そしてその『場』を20年以上、プロデュースし続けてきた協会代表の渕上智信氏が目指す『ネバー エンディング ハピネス ストーリー』とは何か。DVDでは、周囲の人々のインタビューで全容を明らかにしながら、観る者にユナイテッドアースへの参加を呼びかける。

荒氏は、「社会貢献活動や組織について、名前や活動を漠然としか知らない人がほとんど。それでは、支援はおろか、問題意識の共感を得ることさえ難しい」と言う。しかし現代の日本人にとって、利他の精神で活動に取り組む「生身の人」の熱意や考え方には、『学び』や『気付き』があり、そこには心を突き動かす『感動』も多い。そこで芽生えた社会を思う心は、これらのNPOに関わる「人」たちの活動に対して資金面で支えたり、ボランティアをしたり、具体的な活動支援につながる力を持つ。

「コーズブランドDVDは、TSUTAYAの店舗を超えて人が出逢い、つながっていける可能性を持った新しいタイプのアイテム。このDVDを観た人の中から、社会活動家、社会企業家を目指す人が生まれればうれしい」

『3年で54タイトルをリリース』

NPO法人カタリバ、NPO法人フローレンスなどを始め、初年度は12タイトルのリリースを予定していて、3年間で54タイトルを扱う計画だ。5月に、渋谷シアターTSUTAYAでコーズブランドDVDを紹介するイベント(共催:カタリバ大学)が行われた席でも「一番期待することは、知る機会がないため関心を持てないままになっている人たちにも身近に感じてもらえること」(NPO法人ピースウィンズ・ジャパンの山本理夏さん)など、参加団体もTSUTAYAの新しい取り組みに大きな期待を寄せている。

TSUTAYAの名前の由来は江戸時代の〈通〉を時の流行として創出した版元「蔦屋重三郎」にあやかり「現代の蔦屋になる」という意思を込めていたことに由来するといわれる。社会貢献が流行から一般化、やがて深耕化していく過程を後押しするようになるものと期待していきたい。

コラム Column 2

フィランソロピストを育てるには～子供に良い行いを教えるためのポイント～

by Veronica Dagher (The Wall Street Journal, June 20, 2011)

米国では今後30年間で史上最大の世代間資産移転が起こるといわれていますが、そのような状況の中で、特に富裕層の家庭では将来的に財産を相続する子供達の世代にフィランソロピーの精神をどのように教えるかについて試行錯誤しているというようです。

この背景にはここ数年ビル・ゲーツやウォレン・バフェットが進めている「財産の半分以上を寄付しましょう」というムーヴメントもあると思われますが、一番大きな理由は巨額の財産を相続することで子供達が働かなくなったり財産を浪費してしまうのではないかという懸念です。富裕層を対象としたフィランソロピー・アドバイスのサービスを提供しているWhittier Trust社のLytle氏は「富裕層は富が子供達に与える影響について以前にも増して心配しており、フィランソロピーの精神を子供たちに早くから植え付けることで、『何でも持てる』ことからうまれるリスクを軽減できると考えているのです」と話しています。そしてこのように考える家族は、子供達とフィランソロピーについてどのように対話を始めればよいのかについてフィランソロピー・アドバイザーやファイナンシャル・アドバイザーに助言を求めてくるということです。

この記事の中で子供のフィランソロピー教育の第一歩として上げられているアイディアをいくつかご紹介します。

- **お金があったらどのようなことに寄付したいかなど対話してみる**
- **子供と一緒に座って実際に寄付の手続き（決済）をしているところを見せる**
- **子供の誕生日に子供自身がリサーチして決めた非営利団体に親が寄付する**
- **祖父母が子供の寄付を2対1などの割合でマッチングする（リソースを集める事によって生まれるインパクトを理解する）**
- **子供と一緒にボランティアする**
- **寄付先団体の活動現場の見学に行ってみる**

日本でも、家庭からこのような取り組みを始めることによって、子供達がフィランソロピーを通して社会とつながる機会を増えすことができるかもしれません。

ファンドレイジング最前線……VOL.6

オックスファム・トレイルウォーカー
自ら寄付を集めて参加するウォーキング・イベント

参加の条件は12万円以上の寄付金集め

小田原から山中湖まで、その距離100km。そのコースを48時間以内に4人一組のチームで踏破することを目指す、世界的なウォーキング・イベント「オックスファム・トレイルウォーカー」。参加チームは100kmを歩くことができる体力を有し、申し込みに参加費6万円を納めるとともに、イベント前の期日までに最低12万円の寄付金を集めなければならないというルール。まさに自らの体力に挑戦すると同時に、参加をきっかけに寄付金を集め、国際貢献に協力するというファンドレイジングへの挑戦が用意された企画だ。オックスファム・ジャパン広報の古賀智子さんにお話を伺った。

「トレイルウォーカーは1981年に香港で軍隊（グルカ兵）のトレーニングとして、その収益を寄贈したことから始まりました。現在、香港、オーストラリア、イギリスなど11カ国・13地域で開催されています」日本では2007年に初めて開催され、4回の開催で集められた寄付金総額は約2.5億円にも及ぶという。「集められた寄付金は国際NGOオックスファムが実施する緊急支援、教育、農業、生計支援などの国際協力プログラムや国内でのアドボカシー活動等を通じて貧困削減などに役立てられますが、最低でも集められた8割はこうした用途に使われるようにしています」という。

コースガイドを見ていると小田原駅近くの城山陸上競技場をスタートして箱根湯本から芦ノ湖を回り、富士山が美しく微笑む山中湖まで、富

コース概要

[大会概要]

※オックスファム・トレイルウォーカー・ジャパン2010最終報告書より抜粋

開催日時：2010年4月23日(金)午前9時～25日(日)午前9時30分
コース：神奈川県小田原市から山梨県山中湖村までの100km
参加者：174チーム【688名】
完歩人数：完歩チーム数80（完歩率46.0%）
完歩人数449名（65.3%）
ボランティア：総人数675名
寄付金額：52,242,028円

2011年のトレイルウォーカーのスケジュール

11月から参加受付開始、参加費6万円を支払い登録する。(先着順)
同時に各チームはファンドレイジング（FR)、100km歩くためのトレーニングを開始する。
2～4月は寄付金の入金が続き、各チームのFR目標額を目指す。(FR第1次締切はイベント前の4月25日、寄付金12万円以上が必須)
5月のイベント実施後も、チャレンジを称えた寄付などのFRが7月の最終締切まで続く。
FR終了後、アワードナイトにて各賞を表彰する。

士箱根伊豆国立公園の美しい自然路を通るコースになっている。なぜ１００㎞にこだわるのかというと「チャレンジングな部分が重要だから」だという。参加者の声を読んでいても『苦しいことは基本的に嫌いだし、山歩きの経験もほとんどありません。なのに！ほとんど即決しました。ワンクリック募金とかそういうライトな貢献の仕方ではなく、自分が死ぬほど頑張る貢献の仕方をしたかったのだと思います』とあり、納得する。

世界で最も素晴らしいチームイベント

ではいったい参加するチームでは12万円をどうやって集めているのだろうか？

「参加されるチームを後押しするため、ホームページにいろいろなものを用意したり、パンフレット等のツールを用意しています。またほかのチームがどのようなファンドレイジングを行っているかの具体例も紹介しています。例えば、バーベキューパーティをひらいてその参加費を寄付に充てたり、自分たちのチームTシャツをつくって販売し、利益を寄付金にしたり、音楽や踊りのステージを企画してレストランを借りて公演したりと様々です。皆さん、自分たちの得意なところで呼び掛けをされています。もちろん『参加するから協力して』と、メールで呼び掛けて寄付金が集まる場合も多くあります」とのこと。寄付をオックスファムに振り込む際には所定のフォームにチーム番号、チーム名をつけて振り込むので、そのチームの寄付金として加算されるしくみだ。チームは累計12万円に達しない時には参加資格が取り消されてしまうので必死に集める。『いまどれぐらい集まっていますよ』という途中経過は希望されるチームには知らせているそうだ。実際に出場取り消しとなるチームはほとんどない。

４名のチームはもともとの知り合いで構成されているのが大半だが、長距離をまる二日間に渡って歩くので、準備や練習を一緒にするように事務局ではお願いしている。そして、その４人はファンドレイジングの面でも協力して工夫している。そんな動きを知って企業の側でもチームビルディングによいと推奨するところもあるそうだ。２０１０年４月（例年は5月開催）の大会では寒かったこともあり、４人揃っての完歩は46％（例年は約6割）、個人の完歩も65・3％（例年は約8割）となってしまった。４人のうち、１人が脱落しても歩き続けるのは、そこに大変なドラマがある。ここまで一緒にやってきたんだからと、１人が脱落したらチーム全体でリタイヤすると決めているところもあるそうだ。

オックスファム・ジャパン広報 古賀智子さん

４人だけがチームじゃない！

事務局ではチームの成功のために、できるかぎりサポート隊をつけることを推奨しているという。「大会ではチェックポイントで軽食を提供して、参加者が最低限の荷物を持つだけで済むようにしていますが、それぞれ個人の好みもあるのでチームごとにチェックポイントに先回りしてチームを待ち受けるサポート隊による支援を呼び掛けているのです」。参加者の周囲の友人や家族などに声をかけて組織される、このサポート

Profile
特定非営利活動法人
オックスファム・ジャパン

1942年イギリスのオックスフォードで設立され、世界94カ国で活動する国際協力団体です。貧困を克服しようとする人々を支援し、貧困を生み出す状況を変えるために活動しています。オックスファム・ジャパンは2003年に設立され、アドボカシー・キャンペーン、長期開発支援、緊急人道支援、国内啓発事業を通して、貧困のない世界の実現を目指します。**2013年のトレイルウォーカーは5月10日・12日開催！**

http://www.oxfam.jp

隊は事前にどのチェックポイントで昼から夜の装備へと交換するか、食事や飲み物をどこで補給するか、などを検討したり、視察を行ったり、当日はチームの送迎や応援、進行状況の把握に大いに活躍する。もちろん、事前のファンドレイジングでも大いに協力する。

「アワードナイト」は、そうしたチーム、サポート隊、大会を応援しているボランティア等が一堂に会して開催される。この大会の目的がタイムを競いあうことではないため、表彰ではファンドレイジングの部として「ダイヤモンドチーム：300万円以上集めたチーム」「ゴールドチーム：100万円以上集めたチーム」「シルバーチーム：60万円以上」「ブロンズチーム：30万円以上」や企業・団体の部、個人の部などがされるほか、フォトコンテストや事前申告タイムに一番近いチーム、ベスト・コスチュームなどに賞が設けられている。

古賀さんに、印象に残っている参加者のコメントはと尋ねたところ「一緒に試行錯誤しながらファンドレイジングすることもトレーニングの一つでしたと回答されたチームがありました」と答えられた。また「フラワーデザイナーの友人の方にご協力いただいてアレンジメントを販売し、その収益を寄付金とされていたチームがありましたが、そのデザイナーの方が、デザイナーとして自分の特技を活かして、しかも国際協力に貢献できて、とてもうれしいし、少しでも多く寄付にまわせるよう、花の使い方を工夫するようになり、本業にも役立っていますとおっしゃっていました」とのこと。

トレイルウォーカーに関わって楽しくて、それで国際協力の機会が持てること。ファンドレイジングの最初の一歩を踏み出すのは少し勇気がいるかもしれないが、いったん活動を始められれば、あとは次々と新たなアイデアが生まれてうまく進んでいくという。歩みは積み重なり、そしてチームはスタートを切る。応援があるからこそ、がんばって完歩できる。自ら寄付金集めの企画を実施して、団体を通じて国際協力活動に役立てられる。自由な発想とオリジナリティに溢れる企画で、仲間と楽しみながら貢献活動ができる、まさにコミュニティ・ファンドレイジング。

来年のトレイルウォーカーは5月13日から15日に予定されている。

ファンドレイジング最前線……VOL.7

ラブケーキプロジェクト
国際NGOワールド・ビジョン・ジャパン

子どもたちがびっくり

クリスマスの響きが町中に溢れだす頃、お父さんがケーキをぶらさげて、きょうは早めに帰ってきてくれた。

笑顔で出迎える子どもたち。楽しみにしていた、きょうのケーキ。箱の周りに集まって、お父さんが箱のふたをとる。「えっ！」思わず、声をあげる子どもたち。ケーキの一部分がない。まんまるい、ホールケーキの一部分、ちょうど1人分ぐらいが欠けているのだ。「なぜ、この部分がないの？」言葉を一瞬、失った子どもたちに、お父さんが優しく語りかける。「君たちは楽しくクリスマスを迎えることができるけれども、世界にはまだまだ支援を必要としている子どもたちがいるんだ。それこそ、ケーキなんか食べたこともない子どもたちがね。足りない部分はその子どもたち、アフリカにいる君たちと同じぐらいの子どもたちが食べることを応援することに使われるんだよ」。子どもたちは、まさにほっぺたが落ちるような、とってもおいしいケーキを味わいながら、テーブルのその先に、見たことはないけれども、もうひとりの子どもが一緒にケーキを食べているような気がしてスプーンを口に運んだ。

ハートフルな貢献

このような愛に溢れるケーキを食べながら、途上国の子どもたちと幸せなキモチを分かち合う「ケーキが1ピース足りない意味」について家族で話し合いの場面が広がっている。こうした「1ピース」を途上国の子どもたちへの支援を通じて、思いやりの心を育て、国際理解や寄付していく心を育てていく「ラブケーキプロジェクト」について、ワールド・ビジョン・ジャパンの国内事業部マーケティング課の今村郁子さんにお話を伺ってきました。

「ご存じのように、ワールド・ビジョン・ジャパンでは『チャイルド・スポンサーシップ』をはじめ様々なご支援の方法がありますが、もっと多くの方々に活動を理解していただくために、かわいそうな姿で訴えかけるのでなく、ハッピーで幸せのきずなが広がり、やっていて自分も楽しいし、友だちにもどんどん紹介できる気軽な方法はないかなと話し合っていた中で、でてきたアイディアだったんです」という。

提案された方は、若いころにミッション系のスクールに通っていて、決まった日に「おにぎりおべんとうの日」があって、おかず代金をシスターに渡してそれを役立ててもらうというのを体験していたところから思いついたのだそうだ。

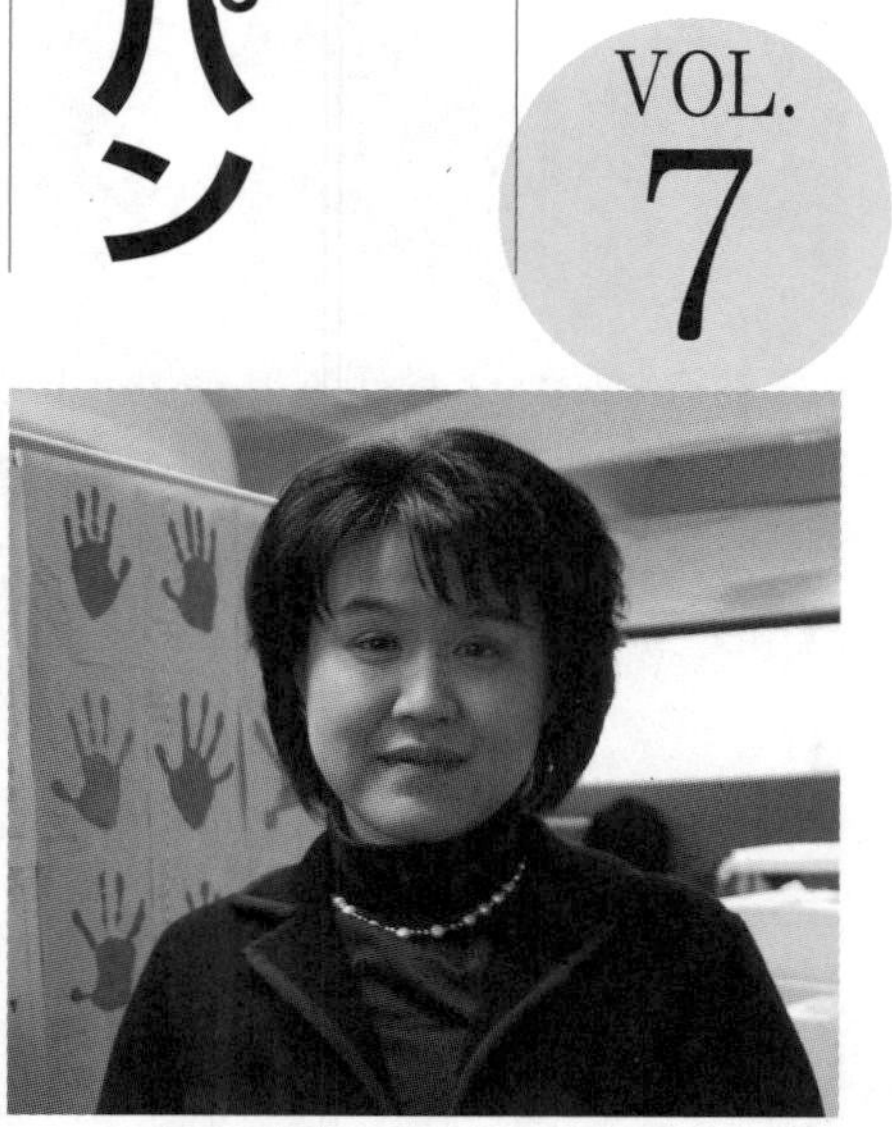

ワールド・ビジョン・ジャパン国内事業部マーケティング課の今村郁子さん

パティシエの矜持

「ラブケーキプロジェクト」は２００９年からスタートし、クリスマス時期を中心に行われている通年のプロジェクト。参加パティシエが、1ピース（1人分）足りないホールケーキ（ラブケーキ）を作り、通常価格で販売。足りない1ピース相

パティシエの声

東京都 ロワゾー・ド・リヨン
加登 学 氏

去年、地方のお客様からのお問合せが多く、今年は宅配も対応可としたので、多くのお客様から喜んでいただきました。

愛知県 ラミ・ドゥ・バニーユ
山本 一勢 氏

以前より興味があったもののなかなかきっかけが無く、今回誘って頂き、こういう形で社会貢献が出来、心から喜びを感じています。これからも自身の仕事を通して社会貢献が出来るなら、特に子供達の為ならどんどん参加していきたいです。

岡山県 パティスリーバビヤージュ
大熨 昌樹 氏

お客様のお誕生日用にラブケーキをお選びのお客様が多く、ご自分のお子様とともにめぐまれない子供達へも... という気持ちがよく伝わってきました。常連のお客様からも「すばらしい企画だ」とご自分用にお買いもとめのお客様も多かったです。まだまだ地方ではラブケーキプロジェクトの存在を知られていないので、さらに広めるにはどうすれば？

（次ページに続く）

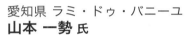

当分の金額が、パティシエを通じて、ワールド・ビジョン・ジャパンに送られ、同団体がケニアで行っている食糧支援プロジェクトに使われる。スタート時には東京近郊の7箇所だけだった参加店舗も、114店舗（2010年12月24日現在）にまで拡大。またサンケイリビング新聞が地域のパティシエに参加を呼び掛けるなどして、急速に広がっている。

1ピース足りないホールケーキを通して、途上国の子どもたちと幸せをわかちあうという発想だが、何といっても販売にあたるパティシエの協力なくては成立しないプロジェクトだ。「やはり、パティシエの方はホールケーキとしての完成品をつくることに精励され、ご自身の仕事にプライドをもっていらっしゃいます。そこをあえて一つ切っていただくというのは大きな課題でした。たぶん『手間がかかる』ということで、ご理解いただけないのではないかと思っていましたが、『夢や幸せをわかちあう』ということはパティシエの皆さんが目指していることでもあると、ご賛同くださり、協力していただけることになったのです」と今村さん。それでスタート時には7店舗になったという。自らが心を込めて作るケーキ、その仕事を通じて、日本に居ながらにして、途上国とのかけはしになることができる。

1人ではないクリスマス

「こういう方法もあるんだと、ご参加いただいたパティシエの方々ところにも、多く取材に訪れていただきました」と、今村さんがこんなエピソードをご紹介された。

「お店に、電話で問い合わせをされてきた方が、ご主人をなくされたばかりで、とても今年はクリスマスをお祝いする気になっていなかったけれども、ラブケーキプロジェクトのことを紹介するテレビ報道を見て『ああ、こうやって人と分かち合うことができるならばケーキを送ってほしい』とおっしゃったそうです」。実はそのお店はケーキの送付サービスは行っていなかったのだが、「そのお気持ちを受け止めたい」と工夫して送られたそうだ。「しかも、その次の年にはそのお店も通販を開始されました」とのこと。

店舗も変わっていった

また、別の店舗では、ラブケーキを目当てにこられるお客さまも多くなり、その分は売り切れてしまったが、それでもこられるお客さまが『他にどこでやっているか教えてほしい』と言われて、ちゃんと調べてご紹介されたりしたところもあったそうだ。「店舗スタッフがうれしそうにやっていたという声も数多くいただいているんです」という今村さん。キモチと気持ちで自分たちが懸け橋になっているのだということが、販売額以上にスタッフの喜びになっているのだという。パティシエの呼びかけで始まり、お客さまの支持によって発展していったようすが伝わってくる。

こうした、他者に対しての気持ちが次につながっていく。

日本から発信する ラブケーキプロジェクト

世界の約100カ国で活動しているワールド・ビジョンは、それぞれが独立した理事会を持つ組織であり、定期的に情報交換会を行っているが、この日本で独自にスタートした「ラブケーキプロジェクト」については、他国からの「くいつきもいい」とのこと。いつの日にか、日本から始まったこのプロジェクトが海を渡り広がっていくのだ。「いつの日か、パティシエの方々と実際に支援地を訪問したりして、それがまたパティシエを通じてお客さまに伝わっていくようなことにも取り組んでいけるといいですね」

街の中にも、ますます「ラブケーキ」が広がっていきそうだ。

ラブケーキプロジェクト →
http://www.worldvision.jp/lovecake/

World Vision
この子を救う。未来を救う。

Profile
特定非営利活動法人
ワールド・ビジョン・ジャパン

国連社会経済理事会に公認・登録された国際ＮＧＯ、ワールド・ビジョンを構成している日本の民間援助団体です。キリスト教精神に基づき、開発援助、緊急人道支援、アドボカシー（市民社会や政府への働きかけ）を行っています。
http://www.worldvision.jp/

ファンドレイジング最前線……VOL.8

携帯電話からのダイレクト寄付の進化　ソフトバンクモバイル

ソフトバンクモバイルは、震災発生の翌日より「東日本大震災　義援金プロジェクト」をスタートさせた。これは、ソフトバンクの携帯電話から義援金を寄付できるサービスだ。全国のソフトバンクショップの店頭での募金のほかに、ソフトバンク携帯電話やスマートフォンから「＊５５７７」にダイヤルして通話料を全額寄付する「チャリティダイヤル」、プロジェクトサイトより白戸家の壁紙や協力している鳥山明氏の壁紙等のデジタルコンテンツの購入。または、月々の請求額に応じて貯まったソフトバンクマイレージポイントの寄付、スマートフォンやｉフォン専用の寄付できるアプリといったように、いくつかの方法から選択できる。集まった義援金は日本赤十字社、ジャパン・プラットフォームほか、被災地支援団体を通じて被災地に届けられる。地震から三カ月以上が経つが、いまだ復興が進まず、避難所生活も多数が送り、長期的な支援が必要だが、こうしたユーザーにとって身近に行える寄付方法があるのはうれしい。

こうした「義援金プロジェクト」には1億７８６８万３９３０円（６／13現在）もの寄付が集まっているが、ソフトバンクではこれに加えて、４／８から東日本大震災の被災地に対する「支援金プロジェクト」を開始した。

これは、被災地支援の活動に当たっているＮＰＯをサポートするもので、ソフトバンクの携帯電話より本プロジェクトの特設サイトにアクセス、支援金を送金したいＮＰＯ団体や支援金の金額（１００円、３００円、５００円、１,０００円、３,０００円、５,０００円から選択）を選ぶだけで募金でき、支援金は毎月の携帯電話利用料金とまとめて支払うことができる。実に簡単。集まった支援金は、その団体にダイレクトだから、素速く被災地での物資支援や復興活動などに活用される。また携帯サイトではどんな団体が何を行い、お預かりした支援金をどのように活用するか、現在の活動内容では、取組み途中の現状が描き出されている。これをみて、自分で１００円から5,０００円までの支援額を決めるのだ。この携帯電話からの画期的な寄付方法が生み出されたきっかけについてソフトバンク社長室、荒井優さんにお話を伺った。

「ＮＰＯの有識者の方と社長の孫正義が意見交換する機会がありました。そのなかで活動資金調達は簡単ではないことがわかり、海外の事例では携帯電話で寄付できることから、すぐに担当者を呼んでその場でこれだったらできるんじゃないかとスキームを組んで実際に一週間ほどで仕上げたんです」

携帯電話各社では、これまでも

ソフトバンク社長室、荒井優さん

『壁紙購入などを通じてその代金を回収する会社がまとめて寄付する』というものを始め、寄付したい団体の携帯サイトにアクセスして『(1)金額と名前入力、(2)利用する金融機関の選択、(3)金融機関サイトへのログインと確認、と3つのステップで簡単に寄付を行う事が可能』とか『つながった画面でクレジットカードの番号を入力してください』といった具合で、決して簡単とは言えなかった。ソフトバンクではそこからもう一歩進んで、携帯電話で支援したいNPOを選択、すぐに寄付できる仕組みをつくった。これといったPRをしていないのにも拘わらず、担当者も驚くほどの反応があったという。「いまのところはソフトバンクの携帯電話だけかもしれませんが、これが他の携帯電話各社にも広がっていければいいと思っています」と荒井さん。なんとかしたい、何かをしたい、何ができるだろうと考えた時に、身近な携帯をつかって寄付できるのは、今後、ひとつの突破口になる。

　携帯電話での寄付といえば、ハイチ沖地震で、米国赤十字と民間企業のmGive、そしてAT&Tなどのモ

みんなでがんばろう●日本

復興支援応援サイト

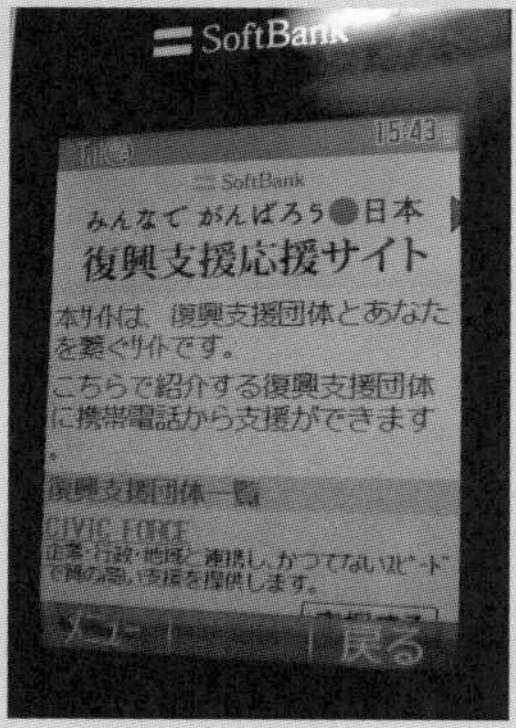

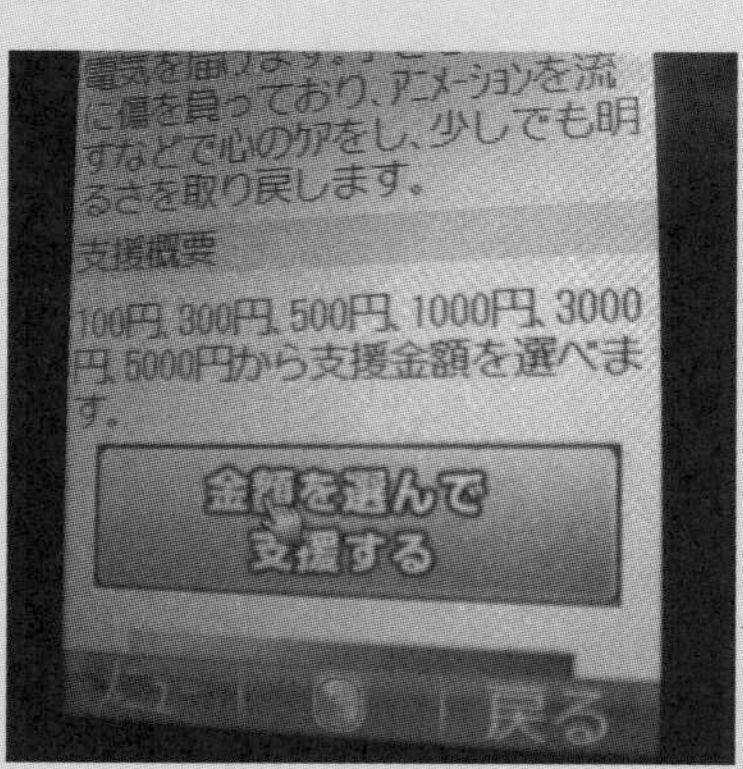

対応機種：iPhone、SoftBank スマートフォン（X06HT、X06HT IIを除く）、SoftBank 3G
アクセス方法：「Yahoo! ケータイ」→「メニューリスト」→「復興支援応援サイト」

■こちらで紹介する復興支援団体に携帯電話から支援ができます。

Civic Force（物資・復興支援）アレルギー支援ネットワーク（病児支援、物資支援）ピースウィンズ・ジャパン（物資・復興支援）難民支援協会（難民向け物資支援、情報提供）ジョイセフ（妊産婦・乳幼児支援、物資支援）シェア＝国際保健協力市民の会（医療支援）NPO事業サポートセンター（NPO支援）メドゥサン・デュ・モンド・ジャパン（医療支援）スペシャルオリンピックス日本（障がい者支援）難民を助ける会（物資・医療支援）国境なき子どもたち（子供支援）ケア・インターナショナル ジャパン（物資・復興支援）オンザロード（ボランティア統括）日本ハビタット協会（物資支援、生活環境整備）自然環境復元協会（国土・集落復興支援、子供支援）そらべあ基金（太陽光発電支援、子供支援）

「義援金プロジェクト」　http://info.mb.softbank.jp/f/disaster/touhoku/index.html

「支援金プロジェクト」　http://mb.softbank.jp/mb/disaster/tohoku2011/support/
（このサービスは6月末でいったん区切りを迎えますが今後も展開を検討しているとのことです）

バイルキャリアのコラボレーションによって、携帯電話からの寄付システムが大きな成果を収めていたことが思い出される。プロセスはとても簡単で、携帯から90999の番号に、"Haiti"と入れたテキストメッセージを発信、折り返し寄付を確認するメールがくるので、それに"yes"と入力すれば寄付は完了して、米国赤十字に10ドルが振り込まれるというしくみだった。テレビでオバマ大統領夫人が呼び掛けて募金額が一気に高まったのも記憶に新しい。

残念ながら、日本では電子メールを使ったフィッシング詐欺も数多く報告されていて、慈善団体からの電子メールを装ってリンクをクリックするよう促し、偽の募金サイトに誘導して個人情報などを入力させるのが典型的な手口だ。携帯メールでの寄付は日本では難しいだろうと思っていたので、携帯電話のサービスの中でできる、こうした認証の仕組みは理想的だ。もともと携帯電話の料金支払いではクレジットなどで電話料金が引き落としでき、おサイフケータイなどのサービスがとれるのだから、日本独自の素晴らしい寄付ツールとして、これからさらに携帯電話やスマホが一翼を担っていくように感じる。

優しいまなざしで荒井さんはこう結んだ。「非常に個人的なことですが、阪神・淡路大震災を大学生のときに経験しました。私も東京からボランティアとして1カ月いき『ボランティア元年』と呼ばれましたが、気付けば今回の震災でその時の想いを原点にして自分の学生時代の仲間が社会的企業やNPOなどそれぞれの立場でがんばっています。のちに『寄付元年』とよばれるかもしれないこのときに寄付文化の醸成に携わるのは運命的なものを感じます」

コラム Column 3

資金調達コストをおそれすぎずに

(AFP eWire Volume 10, No.37 Sept. 14, 2010)

寄付者は常に団体の管理費やファンドレイジング経費についてとてもシビアであり、可能な限り削減するべきだと考えているとメディアでは伝えられています。しかし、「効果」という視点からファンドレイジング経費について尋ねられると、寄付者はより多くの寄付を獲得するためにはコストも多くかかることについて理解し、支持していることが明らかになりました。

6月に行われたRuss Reid社による調査「寄付者の心～21世紀における寄付者のモチベーションや行動について(Heart of the Donor, Insights into Donor Motivation and Behavior for the 21st Century)」によれば、回答者の多くは、給料は安いが経験も少ないような経営者を雇用している団体よりも、高給をとるトップクラスの経営者を雇用する団体を支持していることが分かりました。また回答者は、コストをかけず寄付をあまり集めない団体よりも、コストをかけても多くの寄付を獲得するためにしっかりと取り組んでいる団体を2倍の確率で選択していました。この調査の担当者であるリサ・マッキンタイヤー氏によれば、「NPOは常にファンドレイジング経費について社会からの厳しい監視の目にさらされているが、今回の経費に関する回答からは、寄付者が何よりも寄付したお金に見合う価値を望んでいるということが分かった」と話しています。

団体の経営者が成果を出せるリーダーなのであればそのために人件費をかけることは必要であり、団体のミッション達成のために必要な資金を調達できるのであればそのためのファンドレイジング活動に経費をかけることも必要であることをアメリカの寄付者が理解し、支持しているというのはとても心強いことです。日本でも、非営利団体は寄付者に対して単にファンドレイジング経費を見せるだけでなく、そのコストをかけることによって何が生み出されるのかという「価値」についてもっと丁寧に説明していく必要がありそうです。

ファンドレイジング最前線……………… VOL. 9

人々の良心（イーココロ）をあつめるしくみ ～イーココロ！

寄付をすることは、その団体を通じて社会的課題を知り、その解決策を応援すること。当たり前のようにそれが身近にできることを実現しているクリック募金サイト「イーココロ！」。「クリック募金」は自分で寄付するのでなく、クリック数に応じて企業等が代わって寄付するものだが、ほかにも様々な寄付メニュー（機能）が用意されている。「ショッピング募金」は会員登録するとお買い物でNGO／NPOに寄付できるポイントが貯まり、応援したい団体を選んで寄付できる仕組み。例えば楽天市場やプラザ、ベルメゾン、ニッセンなどで、いつも通りのネットショッピングをイーココロ！から行うだけで、寄付できてしまう。同様に「アクション募金」は企業等の資料請求や各種サービスを利用すると、NGO／NPOに寄付される。そしてダイレクトにその団体に対して寄付したいときには「クレジットカード募金」も活用できる。

こうした寄付メニューをベースにして、東日本大震災では速やかに緊急支援行動が開始された。

＊クレジットカード募金
http://www.ekokoro.jp/urgency/urg-14.html

＊クリック募金
http://www.clickbokin.ekokoro.jp/139.html

＊被災者への応援メッセージ
http://www.shomei.tv/project-1711.html

クレジットカード募金は、自分の応援したい団体を選んですぐに活動支援の寄付が行われた。クリック募金では大震災への緊急支援活動のために立ち上がった企業連合体による「ユナイテッドピープル基金」が立ち上げられて支援を行った。想いを伝え、社会を変えるオンライン署名サイト「署名ＴＶ」をつかっての被災者への応援メッセージを集めた。こうした即応性のある活動によって、被災地や被災者へ食料や水などの緊急支援物資が届き、仮設住宅などの住環境がいち早く整う一助となっていった。

ユナイテッドピープル株式会社
代表取締役関根健次

クリック募金

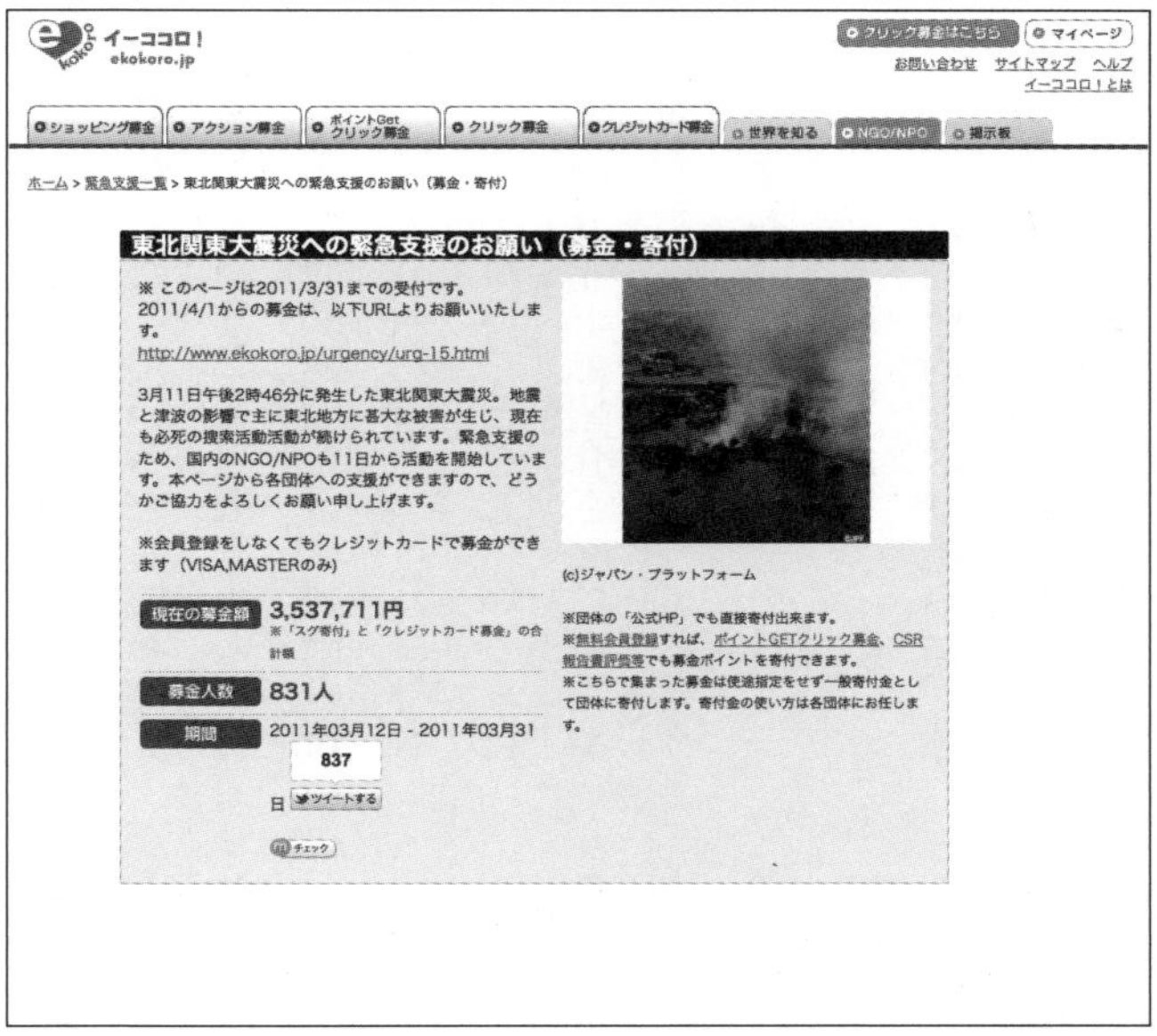

クレジットカード募金

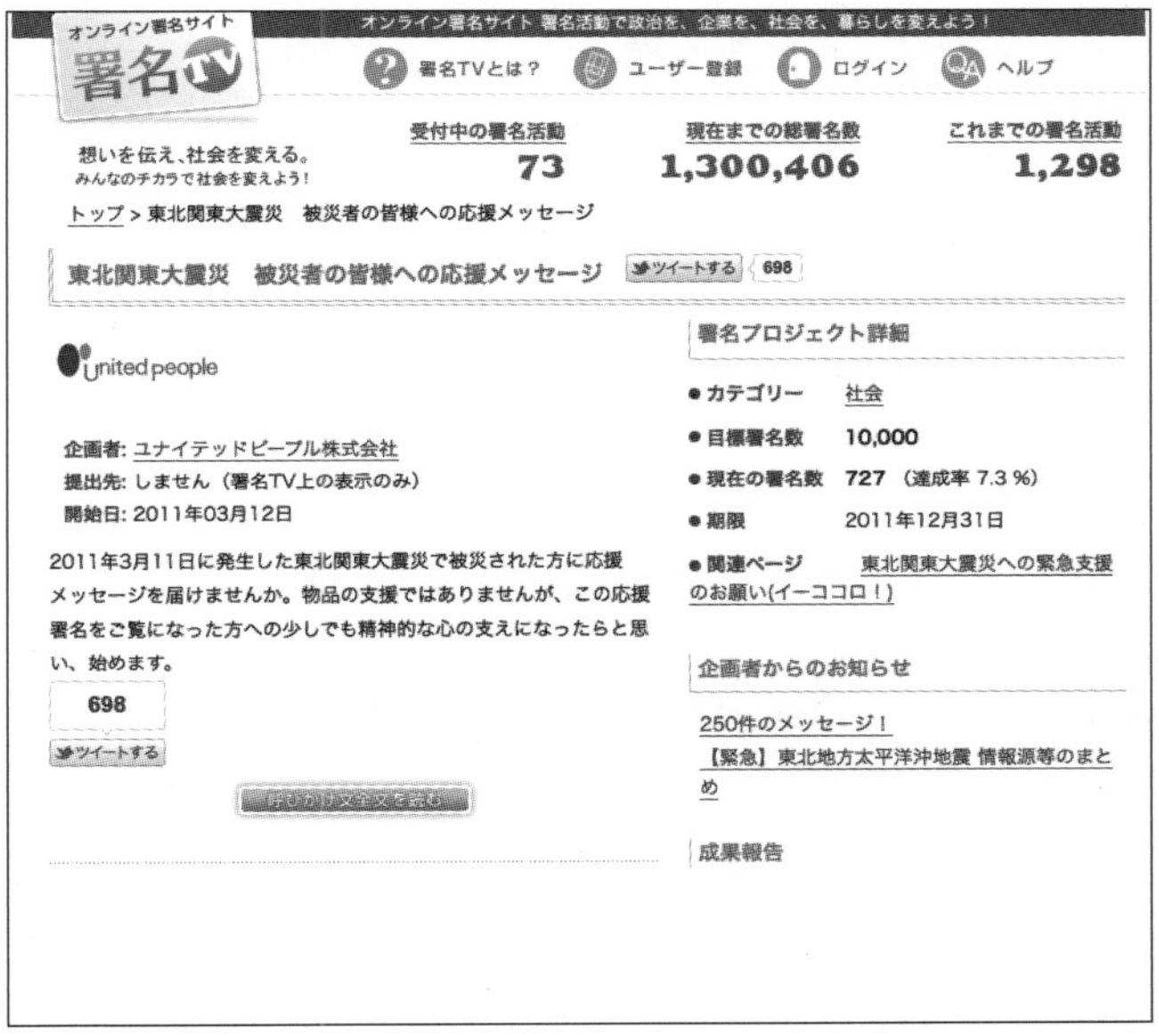

応援メッセージ

こうしたWebサービスを提供したきっかけは、自分自身が世界を旅したり、留学していた時にあったと「イーココロ!」を運営するユナイテッドピープル株式会社の代表取締役、関根健次さんは語る。

「アメリカ留学時代に、周りも自分も当たり前のように寄付をしていたが、なんといってもGDPで比較したときに貧しいとされている国で、貧困の中でもホームレスがいなくて貧しい人をたまたま富んだ人が支えているんです。しかもイスラムの戒律では年収の2・5%を喜捨するのがあるらしい。ハンガリーを旅したときに橋の上で足を亡くした人が物乞いをしていて、そのときに学生の身分で自分が稼いでいないのに寄付をすることに対してすっきりしない気持ちがありましたが、その数週間後にイスラエルにいったときに尼さんが物乞いをしている人の列の前を通り過ぎる時に、スマートにすべての人に少しずつおカネを入れて、足早に立ち去っていた。まったくいままで見たことのない寄付があることを知りました」

習慣的に自分ができる範囲でスタイルは自分がつくったらよいことに気付いたということだった。

2003年、イーココロ!を立上げ、気軽に世界の貧困に対する改善に参加できる場をつくられた。

「いままで寄付をしたことのない人に寄付できる場をつくりました。例えば、コンビニで買い物をしていると自然と寄付ができる、それを自分で選択する。ひとりひとりのなかには良心を持っているから「イーココロ!」それが実際に人の役に立つ。生活することと同じように、さまざまな方法で寄付できるんです」

ネットでの効果はいろいろとあるが、最も大きなモノは「草の根を束ねる」、「居ながらに参加する」という特徴であるが、まさにイーココロ！ではその機能をうまく社会貢献へのいざないに活用している。

ほかにもCSRレポートを読んで寄付する「CSR報告書評価サービス」を実施されている。社会貢献意識の高い、イーココロ！会員が企業のCSR報告書を読んで評価するサービスで、会員はCSR報告書を評価することで寄付できる仕組みだ。B2B、B2Cとよくいわれるが、サービスやマーケティングが行きつくところまで来ている日本では、そういうものを越えて顧客が企業のファンになることが新たな結びつきを生みだしているとしてB2F（=Fun）ということを唱える人がおり、まさに商品購買と言う評価の新しい側面（投票）だ。「自分自身もやっぱり、良いことをしている、自分たちのサイトで紹介させてもらっているところのものを買ってしまうんですよね」と関根さん。

こうした先駆的な取り組みに、感性の高い人、とりわけ若い世代はつながりを求めていく。このようにニュースや関心ごと、情報、活動報告がきっかけになって、イーココロ！が世界の問題や解決策、NPOの存在などの入り口となっていく。そして団体側はイーココロ！を活用していくことで、団体の紹介機能や返答がきける。

関根さんは「資源も地球のつながりです。商品や出会いを大切にする。そして、それは地域の生き方の中でつながっていくんです」と『心あるマーケティング』『心ある経済』と呼び掛けている。「できることをわかちあって効率的だけでなく人にやさしいマーケティング。互いを支え合う。逆説的にいえば寄付そのものが必要でなくなる世の中になれば」と語る。心ある経済とは佛教経済で『足るを知る』。『足らずを知る』。気づきでくらしを変える、関根さん自身、その実践として今年3月から始めた風光明媚な千葉県いすみ市での新生活があるという。ベースを自然の中におくことでもっと見えてくることがあったと語る。

「3．11を寄付の日に」を提唱する。

大災害の犠牲者が出たこと。生き残ったこと。日本的な観点だけでなく、この日に世界中から援助が届いて、台湾でもすごい金額が、そしてアフリカの貧しいといわれている国からも、そうしたことを忘れない。世界に向けて愛に代えていく日。寄付の日に自分のスタイルを見つめ直し、この日は消費でなく、寄付をすることをみんなで考える。「寄付の日」3．11にと、ファンドレイジング・ジャーナルでにも呼び掛けられた。

ご自身のブログに（http://sekinekenji.info/）に大震災後に変化することについて考えられた一文が掲載されている。

最近「変えること」をオセロゲームに例えている。

一気に全部は真っ白にできない。ちょっとずつ白を置いていく。数では負けていても、賢く置いていけば、逆転だってできる。世界は塗り替えることができる。歴史が証明している事実だ。

だから、あきらめず、嘆かず、批判もほどほどに、自らの行動で変えていこう。
どんな問題だって解決の糸口はあるから。できる、できる、できる！

ファンドレイジング最前線………

VOL.10

日本初、大会がすべて丸ごと「ファンドレイジング」！
本栖湖ファンドレイジングマラソン

本栖湖ファンドレイジングマラソン⇨ http://www.darekanotameni.jp/

参加者3万5千人の東京マラソンでチャリティ枠を設けて寄付金7500万円を集めたり、震災一周年の3・11に京都や名古屋で復興支援のチャリティマラソンが予定されるなどスポーツ大会そのものが社会貢献することが増えつつある。その多くは参加料の一部を贈ったり、会場の一角で被災地の特産品や支援グッズを購入したりというのが大半だ。そんななかで参加者全員が「ファンドレイザー」という、日本初の大会が開かれた。

「自分の為ではない 誰かの為に走りませんか？」

参加してエンジョイすることが、誰かのためにつながるマラソン大会。それが「本栖湖ファンドレイジングマラソン」。大会にファンドレイジングのしくみを提供した「JustGiving Japan」の梶川拓也さん（一般財団法人ジャスト・ギビング・ジャパン事務局長）にお話を伺った。日本でも健康を気づかう人が多くなり、皇居沿いランナーなど空前のランニングブームとなって、それぞれが思い思いのスタイルで楽しんでいるが「海外では、自分の目的のために走るだけでなく、自らのチャレンジが他の人のためになるというような想いを持ってランニングする方が一般的です。例えば、世界最高のマラソン大会と言われるイギリスの『ロンドンマラソン』には約4万人のランナーが参加しますが、そのほとんどといってもいいぐらいの約9割が何らかのチャリティを行って参加するなど、世界最大のチャリティマラソン大会となっています」。

梶川拓也さん

こうした流れを敏感に読み取り、日本でもそんなマラソン大会があってもいいのではと大会関係者の思惑と、また梶川さんたちが「ファンドレイジングを広めていきたい」という意向が花開いて、NPO関係者が開催するならばいざ知らず、一般の方々も参加される大会のタイトルとして「ファンドレイジング」という言葉が入った大会の実施につながったのだという。

オフィシャルファンドレイザー

長谷川理恵
（モデル）

佐藤大吾
（JustGiving Japan 代表理事）

秋沢淳子
（TBSアナウンサー）

大原里絵
（モデル）

川崎憲次郎
（プロ野球解説者）

桂亜沙美
（女優）

加藤理恵
（『TOKYO FM JOGLIS』RUN GIRLS）

永野明
（ハンドサイクリスト）

新野正仁
（北京パラリンピック 視覚障害者フルマラソン出場）

本田泰人
（元サッカー日本代表・サッカー解説者）

村尾隆介
（ビジネス書作家＆市民ランナー）

森理世
（スペシャルオリンピックス日本ドリームサポーター MISS UNIVERSE 2007）

LIVE アーティスト

INSPi

KONISHIKI
（元大相撲力士）

MC

トムセン陽子
（ラジオDJ・MC・ナレーター）

様々な環境のランナーが垣根を越えて集結

2011年10月9日の晴天の日曜日。多くの自然が残る富士五胡の秘境、本栖湖の絶景を楽しみながら少しでも社会へ対する貢献に繋がる大会にと、オフィシャルファンドレイザーとして名前を連ねる長谷川理恵さんなどのタレントや著名人の皆さんと一緒に集まったのは350人。それぞれが『想い』を持って12kmのコースを楽しんだ。大会に参加申込すると、JustGivingに参加者のマイページができ「チャレンジャー」となって、自分の周りの人々にこんど「本栖湖ファンドレイジングマラソン」に出場してがんばって走るから、応援してねと呼びかける。いわば参加者全員が「ファンドレイザー」になるのだ。そして、応援する気持ちで周りの方々が「寄付」をしてサポーターとなる。こうして大会に寄せられた寄付は全部で約61万7千円に及んだ。

参加者の属性をみていくと、男性が61％、女性37％、子ども5％で、年齢層では30歳代が44％、20歳代が28％、40歳代が16％と続く。梶川さんによれば、通常のJustGivingのユーザ層も30歳代が多いのでちょうどうまく響いたと分析している。

「僕も一緒に走った当日は、本栖湖沿いのコースはとてもきれいで、ちょうどいい具合に富士山も見えて、気持ちよかったです。参加者もガチガチに健康維持や記録を狙う人ではなく本当に走ることを純粋に楽しんでいましたし、応援するご家族や仲間の皆さんもイイ人が多くて、本当に清々しい想いの一日でした」と梶川さん。こうした雰囲気作りや自然を背景して作り出す、印象的なシーンはそこに集う人に「また来たい！」と思わせる作用をもつようになる。「自分のためにもなって、世の中のためにもなる。そういうバランス感が大切なんですね」

また梶川さんは、海外ではNPO自身がこうしたファンドレイジング・スポーツイベントを積極的に協働しているという。「イギリスのNPOの方を見ていると本当に営業マインドがある（笑）。日本ではまだまだそのあたりが弱いですね」自分たちが関わってやるしくみを、と訴える。「JustGivingのしくみを活用してのファンドレイジングのためのチャレンジには、もっといろんな可能性があります。気軽にご相談に乗りますのでご連絡いただきたい」と結ばれた。

オフィシャルファンドレイザー紹介

ウォーミングアップ（長谷川理恵、桂亜沙美）

大会の趣旨の説明（長谷川理恵）

START1（STARTER：長谷川理恵）

オフィシャルファンドレイザーの皆様より

最後まで残っていただいた参加者の皆様と集合写真

RUN FOR『♥』
あなたは誰の為に走りますか？

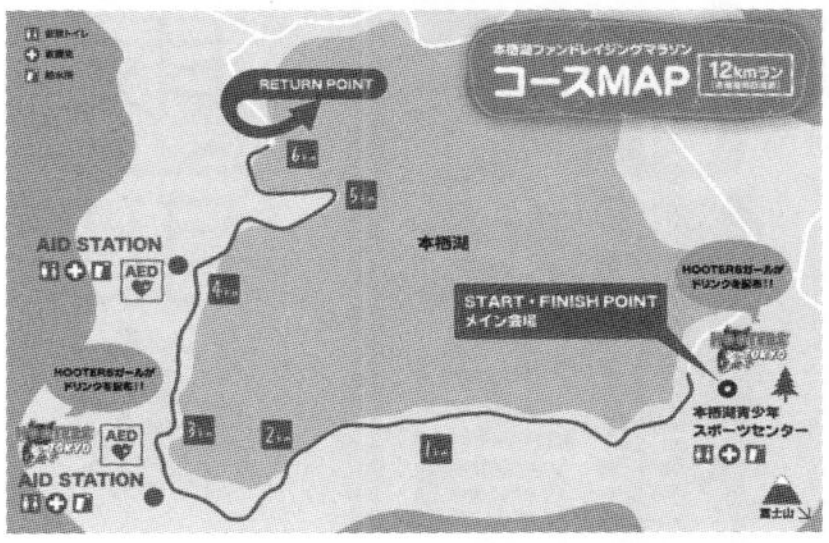

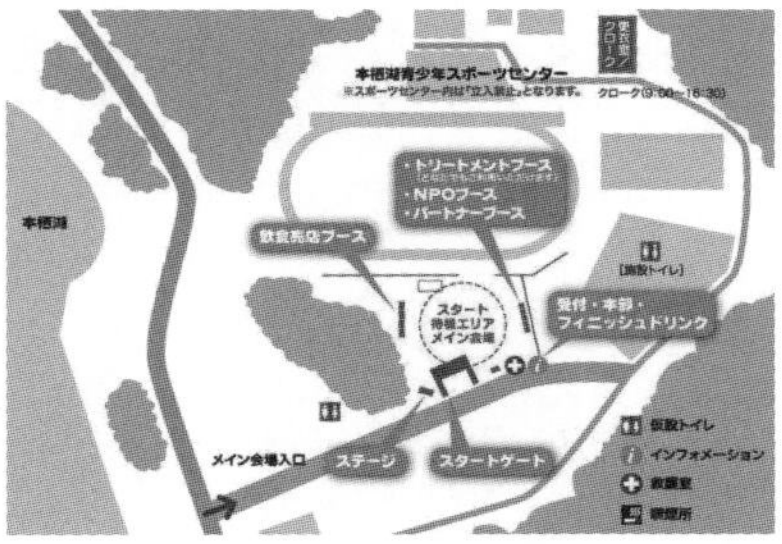

[参加者の声]

・マラソン大会への参加は初めてで12Km走れるか不安でしたが、自然を堪能したいと思い、完走する事が出来ました！
・最高のロケーションなのにランナーも多すぎず、自分のペースでランニングを十分に楽しめました！しかも豪華ゲストが見れて、今まで参加したマラソン大会の中でも最高のイベントでした！
・参加者同士が自然にコミュニケーションをとれるアットホームな空気が流れていて、ゲストも参加者も関係なく一体感があったのがすごく印象的でした。こういった大会はあまりないので是非、今後も続けていただきたいです。
・本栖湖の自然は一歩一歩走るごとに空気が変わるのを感じました。都会では味わう事が出来ない素敵なマイナスイオンを感じて走れました。走って癒された大会は初めてです。
・本栖湖のコースは最高でした！また参加者への配慮も感じる多くのプレゼントや充実したフードメニューも嬉しかったです。終始飽きる事なく楽しめました！来年も絶対参加します！

4つのコンセプト

社会環境を支える

子育てと仕事そして自己実現に誰もが挑戦できる、躍動的な社会を。
そして乳がん撲滅や、子宮頸がん予防啓発活動等、次の世代のために、明日の健康な社会になる事を支援します。

Run for the Cure　子宮頸がんを考える市民の会

障がいをささえる

障がい、健常者、そしてアスリート、タレント等、様々な環境下の人が全ての人が様々な垣根を越えて楽しめる社会になる事を支援します。

STAR POWER　Special Olympics Nippon　NPO法人 STAND

被災者をささえる

災害支援ボランティア ON THE ROAD　Florence フローレンス 特定非営利活動（NPO）法人 ふくしまインドアパーク

今回3/11の東日本大震災で被災された方全ての方に一日も早い復興を。
希望みなぎる生活に戻る事を支援します。

自然をまもる

公益社団法人 日本ユネスコ協会連盟

本栖湖が世界遺産の認定をされようとしています。
地球の生成と人類の歴史によって生み出され、過去から引き継がれた貴重なたからものを守る事を支援します。

本栖湖ファンドレイジングマラソンの仕組み

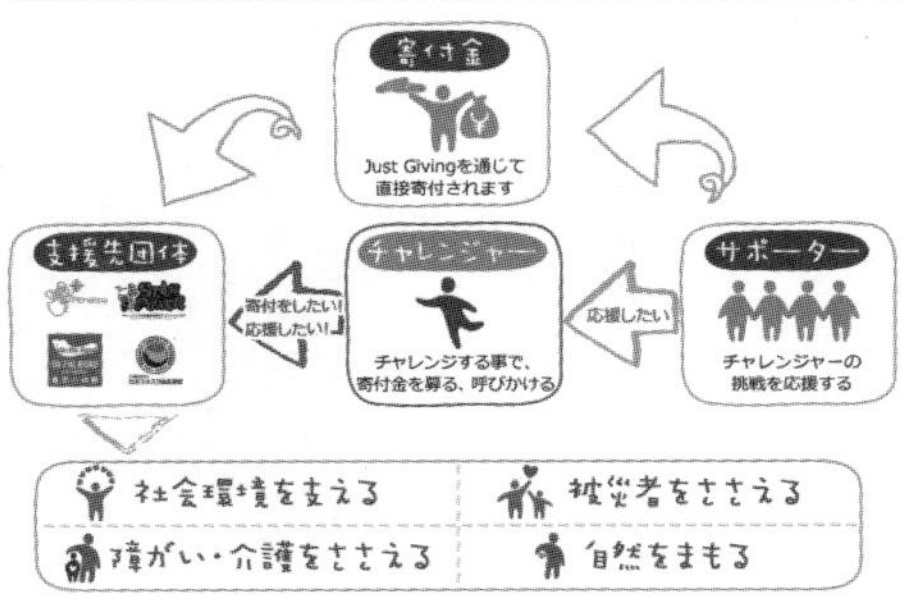

ファンドレイジング最前線………　VOL. 11

「指定ＮＰＯ法人」ー都道府県では全国初、神奈川県の取り組み

神奈川県県民局県民活動部ＮＰＯ協働推進課　ＮＰＯ支援グループ

「新しい公共」とは、従来は官が独占してきた領域を「公（おおやけ）」に開き、市民、ＮＰＯ、企業等がともに支えあう仕組み、体制を構築しようとするもの。神奈川県でもそうした「新しい公共」を支援するために、さまざまな取り組みを進めているが、なかでも平成24年2月からスタートしている「県指定ＮＰＯ法人」制度は、寄付金控除の対象となる税制優遇のメリットを地域でがんばるＮＰＯに活用してもらってその活動を後押ししようとする全国初の取組みだ。これにより、認定ＮＰＯ法人に限らず、その他のＮＰＯ法人への寄附金についても、県が条例で個別に指定することにより、個人住民税（県民税）の４％が税額控除の対象となる。また指定ＮＰＯ法人が認定ＮＰＯ法人になることを希望する場合には、新しくなったＰＳＴ（パブリック・サポート・テスト）も免除される。まさに認定機関が国税庁から都道府県・政令市に移管されたことを受けて、ＮＰＯ法人を設立する際も、認定ＮＰＯ法人になるのも同じ都道府県・政令市が行うことになることから、こうしたローカルルールを活用する、地域の独自性が盛り込めるようになってきたのだ。

　このあたりの経過について、県の担当者として推進を担ってこられた神奈川県ＮＰＯ協働推進課の井出博晶さんにお話を伺った。

「ＮＰＯの自立的な活動を継続的に支えるためには住民からＮＰＯに対する直接の資金の流れが大切であると考えて、平成20年に神奈川独自の個人住民税の減免制度を活用してＮＰＯ法人への寄附金に対して税制上の優遇を行う仕組みができないかを県・市町村で検討したことが背景にあります。その後多くの検討を重ねてきましたが、地域でがんばっている団体を支援していきたいと今回、条例指定制度を全国に先駆けてスタートしたのです」

　条例指定を受けるための要件をみていても、本当に「新しい公共」の担い手として期待されているＮＰＯ法人ならばどこでも取り組める内容で、ＮＰＯ法人設立では、最も行政庁による内容への介入が行われにくい認証という形態を採用したのと同じく、公開されている要件を満たせばそれを指定しようとするものだ。

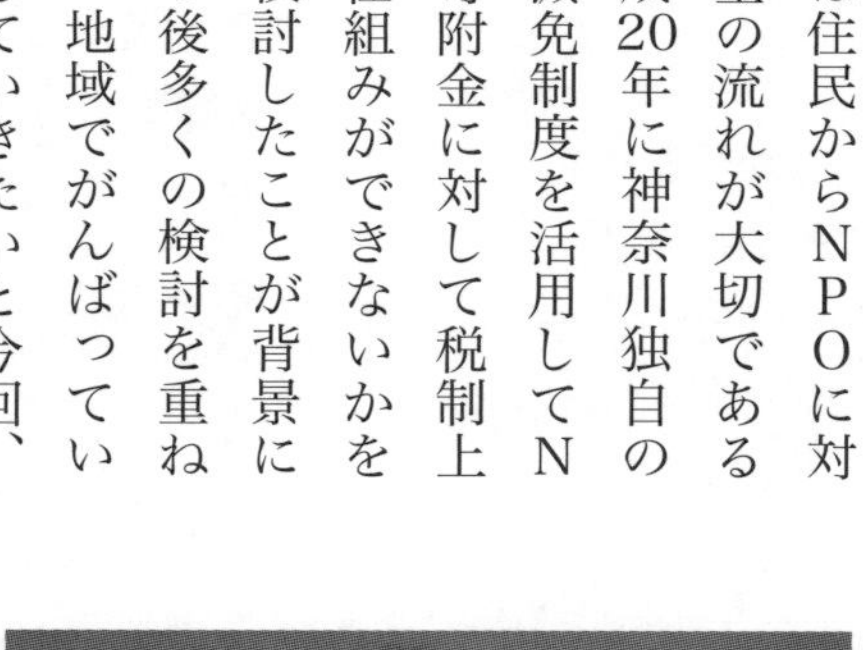

副主幹　井出博晶さん

具体的には、申し出後、有識者やNPO関係者等からなる第三者機関（神奈川県指定特定非営利活動法人審査会）で審査された後、条例の議決により指定を受けるので、通年で相談や申し出の受付はしているが本年2月末までに申し出があったものについては、7月中旬ごろに指定を受けることが可能となる。「いまのところ、滑り出しは好調で、説明会でも200名を越える方々がいらっしゃるなど想像していたよりも関心の高さがうかがえます」とのこと。

このようなNPO法人への地域での優遇措置は、例えば企業誘致のように活動拠点を神奈川県に移すことでそのメリットを活用しようと考えるむきがあってもおかしくないといえる。

今後の見通しについて井出さんはやさしく語りかけた。

「県民の方々にNPOの活動についてもっとよく知ってもらいたい。そして、寄付という応援する仕組みもNPO自体への直接寄付、民間の市民ファンドなどたくさんの選択肢があるようになっていってほしいと思います。そしてそれらを通じて善意のお金が循環し、NPOの活動によって日本がさらによい国になってほしいと思っています」

地域社会だからこそ、できること。取材を通じ、これからは数多くできると感じた。

【県指定NPO法人の基本の考え方】

①住民の「共感」と「信頼」による支援を促す仕組み

住民の寄附につながる仕組みとするため、NPO法人の活動実績や組織運営の状況を指定の要件とし、それらの開示を求める仕組みとする

②地域の実情を踏まえた仕組み

●県指定NPO法人制度：活動実績と組織運営の状況を第三者委員会で審査

（※認定NPO法人制度は、全国一律の客観基準（PST）で行政が審査）

③県と市町村がともに指定できる仕組み

制度の基本的な考え方を県・市町村で共有

■神奈川県の取組経過

平成20年

神奈川県がNPO活動支援のため、独自の寄付金に係る個人住民税の減免を検討

平成22年4月

市民公益税制の抜本改革に向けた緊急提言

平成22年12月

「NPO法人に対する寄附促進の仕組みづくりに関する検討委員会」を設置

平成23年9月

NPO法人に対する寄附促進の仕組みづくりに関する検討委員会が、報告書を知事に提出。

平成23年12月

神奈川県が全国に先駆けて、地方税法第37条の2第1項第4号の規定により控除対象となる寄附金を受け入れる特定非営利活動法人を指定するための基準、手続等を定める条例を制定。翌年2月1日から施行。

平成24年7月

早ければ最初の県指定NPO法人が誕生。

■指定NPO法人のメリット

1、認定NPO法人のPST要件の免除

指定NPO法人が認定NPO法人の申請をした場合には、認定NPO法人制度の公益要件であるPST要件（パブリックサポートテスト）が免除される。

2、内部管理がしっかりする

指定を受けるために経理や組織のあり方を見直すことで、内部管理がよりしっかりする。

3、社会からの信用が高まる

指定を受けるために、一層進んだ情報公開や適切な業務運営を行うことにより、社会からの認知度や信用が高まる。

認定 NPO 法人の認定取得に向けたルート

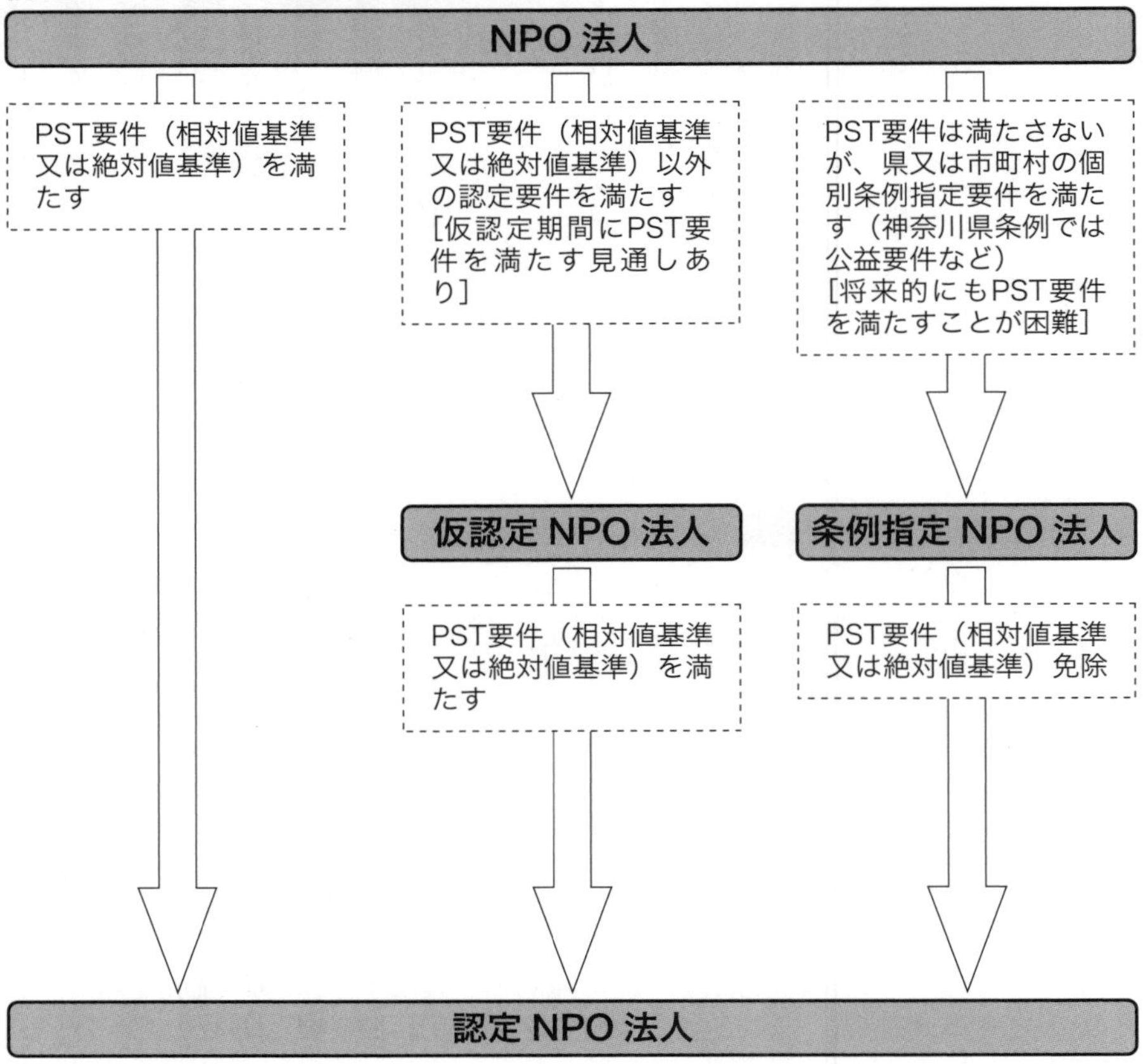
NPO 法人
PST要件（相対値基準又は絶対値基準）を満たす
PST要件（相対値基準又は絶対値基準）以外の認定要件を満たす
[仮認定期間にPST要件を満たす見通しあり]
PST要件は満たさないが、県又は市町村の個別条例指定要件を満たす（神奈川県条例では公益要件など）
[将来的にもPST要件を満たすことが困難]
仮認定 NPO 法人
条例指定 NPO 法人
PST要件（相対値基準又は絶対値基準）を満たす
PST要件（相対値基準又は絶対値基準）免除
認定 NPO 法人

■指定NPO法人になるための要件

(1)県内で活動する特定非営利活動法人であること。

(2)事業活動の内容について、次の公益要件に該当していること。

○不特定かつ多数の県民の利益に資するもの

○特定非営利活動に係る事業が地域の課題の解決に資するもの

(3)特定非営利活動について、次の公益要件に該当していること。

○定款に記載された目的に適った特定非営利活動に係る事業の実績があるとともに、その継続が見込まれること。

○法人以外の者から支持されている実績があること。

(4)運営組織及び経理が適切であること。

○役員に占める役員の親族等の割合が3分の1以下であること。

○役員に占める特定の法人の役員又は使用人等の割合が3分の1以下であること

○各社員の表決権が平等であること。

○会計について、公認会計士等の監査を受けているか、青色申告法人と同等に取引を記録し、帳簿を保存していること。

○不適正な経理を行っていないこと。

(5)事業活動の内容が適正であること。

○宗教活動、政治活動等を行っていないこと。

○役員、社員又は寄附者等に特別の利益を与えないこと。また、営利を目的とした事業を行う者等に寄附を行っていないこと。

(6)情報公開を適切に行っていること。

○事業報告書等について、閲覧の請求があった場合に事務所において閲覧させること。

○事業報告書等について、インターネットにより公表すること。

(7)事業報告書等を所轄庁に提出していること。

(8)法令等違反、不正の行為、公益に反する事実等がないこと。

(9)設立の日から1年を超える期間が経過し、少なくとも2つの事業年度を終えていること。

(10)欠格事由に該当しないこと。

○役員に禁錮以上の刑に処せられ、その執行を終わった日又はその執行を受けることがなくなった日から5年を経過しない者がいないこと。

○役員に暴力団の構成員等に該当する者がいないこと。　など

※神奈川県の県指定ＮＰＯ法人制度について詳しくは
http://www.pref.kanagawa.jp/cnt/f370165/

コラム Column 4

ボランティアしてくれる人が求めているものは？

by Joanne Fritz
(About.com Nonprofit and Charitable Organizations, October, 2011)

今年は特に東日本大震災後のボランティアの方々による献身的な働きがメディアを通して幅広く知られ、ボランティアの社会的な意義や存在感が一気に高まったようです。非常時に限らず非営利団体におけるボランティアの役割は大変重要なものですが、活動を継続的に支援していただくために団体としてはどのような事に配慮したらよいのでしょうか？この記事ではボランティアの方達に楽しく参加し続けてもらうためのアドバイスが挙げられています。

1. 事前にやってもらいたいことを整理し、すぐ仕事を始められるように準備する

気持ちよく仕事ができるように最低限の礼儀として、仕事内容の確定、必要な物や場所の確保など事前準備をしっかりしましょう。

2. 歓迎されていると感じられる雰囲気をつくる

自分の家にゲストをおよびした時のように、事務局スタッフや事務局長を紹介するなどして、団体のために時間を使っていただくことへの感謝を伝えましょう。

3. 仕事内容をわかりやすくきちんと説明する

お願いすることがシンプルなタスクであったとしても時間をとってプロセスを説明し、最初はスタッフも一緒にやる、もしくは経験豊富なボランティアと初心者を組み合わせるなどの配慮が必要です。また団体側としてボランティアに期待する仕事の質などについても明確にしましょう。

4. ボランティアそれぞれのスキルを活かせる仕事とのバランスをとる

ボランティアの仕事に単純作業が含まれることを理解してくれる人は多いですが、個々のスキルや経験が活かせるような仕事を可能な範囲で足していくとボランティアの「貢献できている」という満足度が高まります。また適性がある人にはプロジェクトのリーダー役をつとめてもらいましょう。

5. どれだけの時間が必要なのか最初から明確にしておく

この忙しい世の中では定期的にずっと続けてもらうというよりもプロジェクトごとの方がボランティアを募りやすいかもしれません。募集の際には必要な時間数、継続型なのか、週末／平日なのか、時間帯などについて明確にすることが大切です。また家族単位でできる機会や在宅プロジェクトなど、幅広いメニューを用意するとよいでしょう。

6. 感謝の気持ちを示す

ボランティアの方々の貢献に対して団体として様々な機会を利用してお礼の気持ちを伝えましょう。オフィシャルにお礼を伝えるのことも必要ですが、時にはコーヒーをごちそうする、手書きのカードを送るなど、パーソナルなかたちで感謝を表現するというのもよいかもしれません。

7. コミュニケーションをとる

定期的なコミュニケーションはボランティアが団体への支援を継続する上で最も重要なポイントであるといわれています。1人のスタッフが継続してボランティアの方々とのコミュニケーションを担当することで信頼構築がよりスムーズになります。またボランティアの方々の意見にはできるだけ耳を傾け、Eメールだけではなく、電話や対面でのミーティングなど、臨機応変な対応が大切です。

8. 「社会を少し良くすることに貢献できた」と実感してもらえるような工夫をする

団体の受益者や活動に関する成功話、団体の長期的な計画の進捗状況などを共有することにより、ボランティアの方達が実際に社会を良くすることができたという達成感をもちやすくなります。

9. ボランティア同士が友達になれる機会の提供する

ボランティア活動は同じ興味を持っている人と出会える良い機会です。団体としてボランティア同士の交流の場を提供するのが難しい場合にはボランティアの中の1人にその役割を担ってもらうということもできるかもしれません。気が合いそうな人たちを一緒に配置するといったことも楽しく活動してもらうために有効です。

10. 新しいことを学ぶ機会を提供する

ボランティアしたいと思うような人は好奇心が旺盛な人が多いといえるでしょう。実際、新しいスキルや社会的な状況・課題について学びたいからボランティアをしているという人もいます。ボランティア体験自体が学習体験になるように工夫してみましょう。「学びが多かった」と感じてもらえれば、きっと友人や知人にもそのポジティブな体験を伝えてくれるでしょう。

ファンドレイジング最前線……

VOL. 12

「誰もがやりたいことを実現できる、そんな社会を創りたい」クラウド・ファンディング「READYFOR?」

　クラウド・ファンディングは、今、最も可能性を秘めている分野だ。いままでふれたことがないところは、早く使っていくべきだとも思う。「ファンドレイジング・日本2012」で登壇されたことをきっかけに、団体名をあまり前面に出さずに、陸前高田市の空っぽの図書館を本でいっぱいにしようというプロジェクトが、2月から2か月もたたないうちに600万円も集めた、READYFOR?のサイトを覗いてみた。実はこのプロジェクトは、開始2時間で150万円を集め、わずか3日で目標額の200万円を突破して、その後も支援は集まり続けていった（4／17現在717万円集めている）

https://readyfor.jp/projects/an_empty_library

　ほかのプロジェクトをみていても、ここでは素敵なストーリーがどんどん生まれている。自分たちの想いを信じてがんばっている人たち。そしてそれらを応援している人たち。また資金が集まった結果、生み出されているプロダクトや作品、サービスなどがまた新しいストーリーを生み出している。これはREADYFOR?が単にお金集めだけに終わるツールでないことを示している。何かを実現したい人を後押しする人がいて、誰かが背中を押してくれたから、今度はまた別のだれかが背中を押すのだ。まさにいいストーリーのポータルとなっていて、それは応援が寄付＋コメントでつながっている、共感が連鎖していくイメージだ。

　READYFOR?を立ち上げた米良はるかさんにお話を伺った。

「夢を持って活動する、その多くは陽の当たるところにいるのでありません。何かいい活動をしようとしている人をサポートしながらお金をつのることができる、私たちはメディアだと思っていますが、READYFOR?を通じて「誰もがやりたいことを実現できる世の中」にしていきたいと思います。たったひとりの夢をかなえることで、世の中をいい方向に変化させることができる可能性が生まれ、それをみんなで支え合う、後押しができたらいいと思っています」。

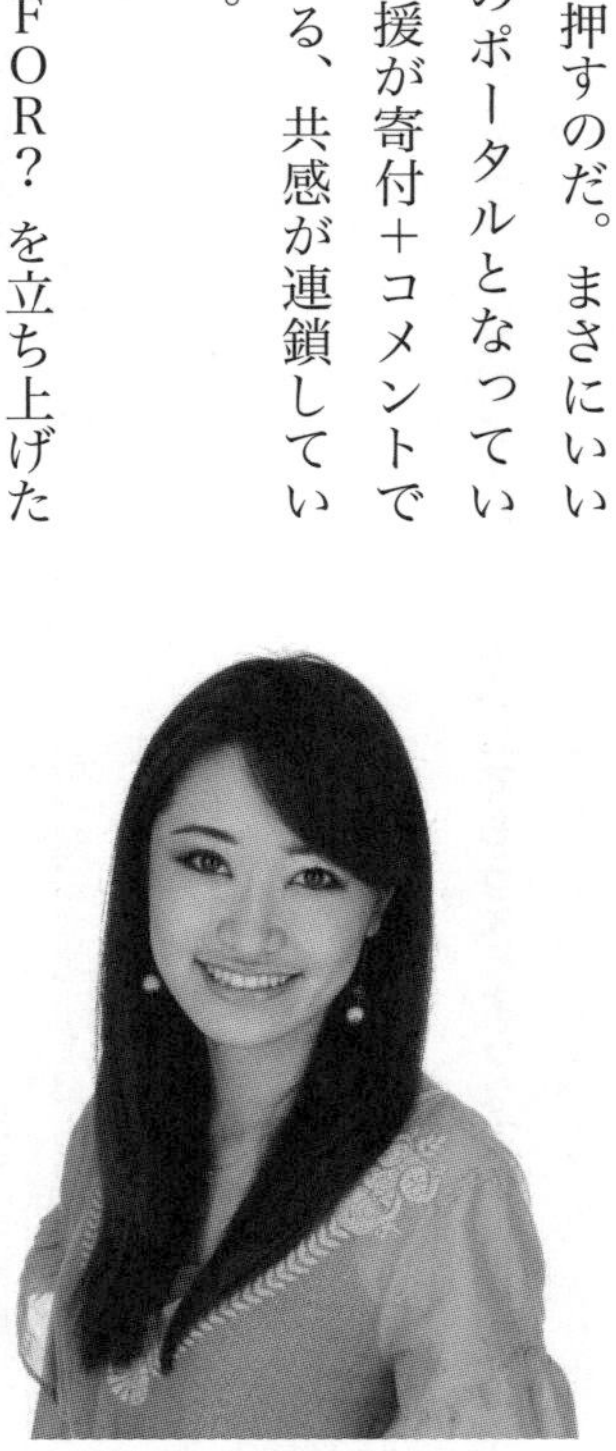

創始者　米良はるかさん

プロジェクトを始めるのは簡単で、①申込（プロジェクト申請）②審査（適切性の審査、プロジェクトページ作成、内容や引換券の修正、契約）③支援募集開始の三段階。申請されたプロジェクトにかける熱い想いを、READYFOR？のキューレーターがサポートしてよりよいプロジェクトに仕上げていってくれる。「夢」「想い」をもつ人のすべてが、プロジェクト実行者となれて、これまでに応募者の3人に一人が審査を経てプロジェクトをスタートさせている。READYFOR？では様々な活動のなかでも、音楽、映画、アート、テクノロジーをはじめとして、新しいものを製作する、新しいことを作り出す活動と社会性の高い活動（貧困問題、教育問題、環境問題、医療問題などの社会問題に対しての「オリジナルのアプローチ」を試みる活動）をメインに扱っている。一年の間に多くのメディアで取り上げられたというのも、掲載されているプロジェクトには多くの人から共感を集めるものばかりだからだ。データを徹底的に活用して、その個人、団体に最適化した内容に高めていく。このように一緒にがんばっていくREADYFOR？のサポートがファンドレイジングの成功率の高さを支えている。しかし**「コンバージョンを高めることはやりますけれども、お金を集めるのはやはり実行する本人のやる気次第。それをやらないところはうまく集まっていません。プロジェクトの内容を最適化させたり、ソーシャルメディアでの拡散方法はお手伝いしますが、本人が本気で拡げないとなりません」**。たしかに、多くの応援が集まっているプロジェクトではコメントなどに小まめに対話している。

どんなきっかけでスタートされたのか、とても興味をもった。

「大学3年生の時、自分の将来について迷っていたんですが、「ハイコンセプト」という本に「代替可能な人材はアウトソーシングされる。創造性をもった突出した個人だけが生き残ることができる」と書かれていて、どうしたら自分自身が突出した個人になれるかを考えるようになったんです。そしてチャレンジして価値を生み出す人がもっと増えるように「チアスパ」という寄付のプラットフォームを作り、パラリンピックのチームに対して100万円の寄付を集めました。けれどもまだ支援される方のインセンティブが弱いな、どうしたら支援する人がもっと自発的に参加したくなるだろうと思っていました。その頃、スタンフォード大に留学してアメリカでは200以上のクラウドファンディングサイトが出てきているのを知り、なかでも

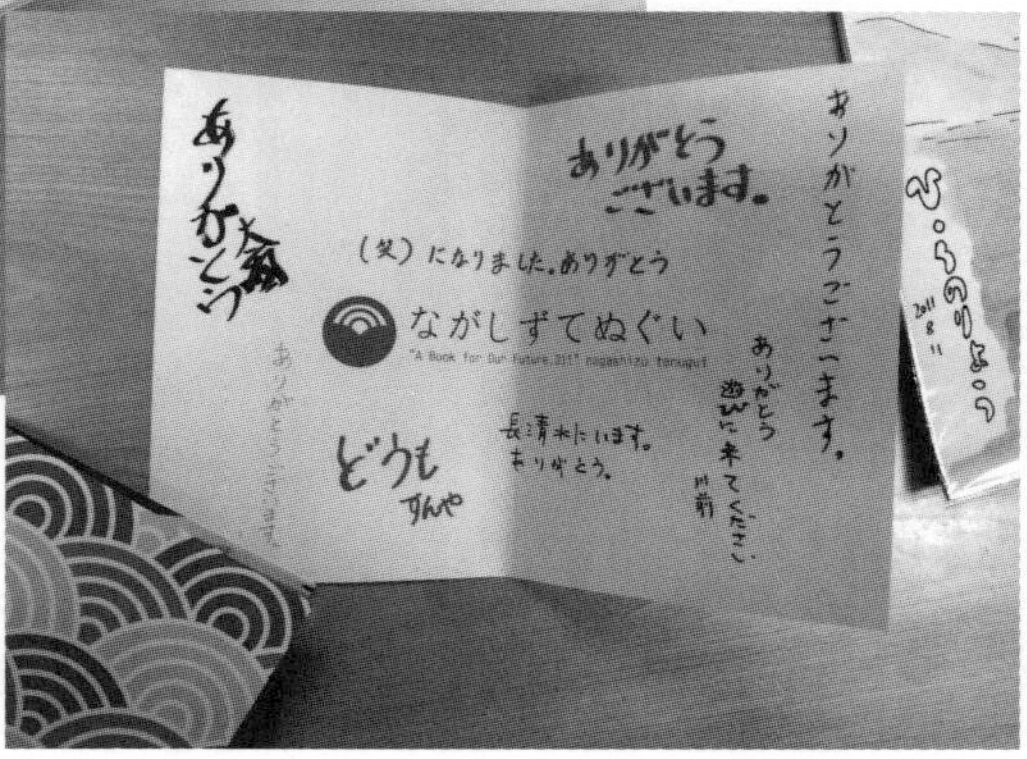

私の考えの近いキックスターターを参考に、チアスパを作り直すことを決めました。そうして出来たのが、「READYFOR?」なんです。2010年11月に着手して、4か月でリリース。WEBではだいたい3か月で実装なのですが、課金決済システムなどがあり、すこし時間がかかってしまいました」。

インターネットには多くの特徴があるが、そのひとつが「草の根を束ねる」というもの。READYFOR?では、多くの人が少額の資金を提供して、夢の実現を応援する。しかも、それが実現できた時には素敵なインセンティブが待っている。

「これは他の人にしてみたら、なんでもないものに見えてしまうかもしれませんが、応援した本人にとってはそれまでのストーリーを知っていて、やっと辿り着いたことから、とてもかけがえのないものなんです」とできあがったひとつひとつをご紹介いただいた。

本当に素晴らしいプロジェクトが数多く実現されていて、多様な領域で、世の中を素敵にするチャレンジが支援を集め、よいストーリーをどんどん生み出していることが良く分かる。米良さんが大いに参考にされた音楽、映画などの制作資金を募るキックスターター（http://www.kickstarter.com/）では、その支援総額は、米国立芸術基金の助成金を越えるという。

READYFOR?の一周年の数字を見ていても、ひとりあたりの寄付金額はきわめて高く、それだけ熱い想いに惹きつけられている方々の熱意がここに表れているように思える。

クラウド・ファンディングが大きな可能性をもっていることを改めて感じた。

ぜひREADYFOR?での資金集めにチャレンジしてみてください。

■一周年のあしあと
https://readyfor.jp/1stanniversary

READYFOR?（レディーフォー）とは、〝実行者〟を支援する日本初のクラウド・ファンディングです。音楽・映画・アート・テクノロジーなどのクリエイティブな活動はもちろん、夢を持つすべての〝実行者〟がアイディアをサイト上でプレゼンテーションすることで、多くの人から支援金を集めることができます。

http://readyfor.jp/

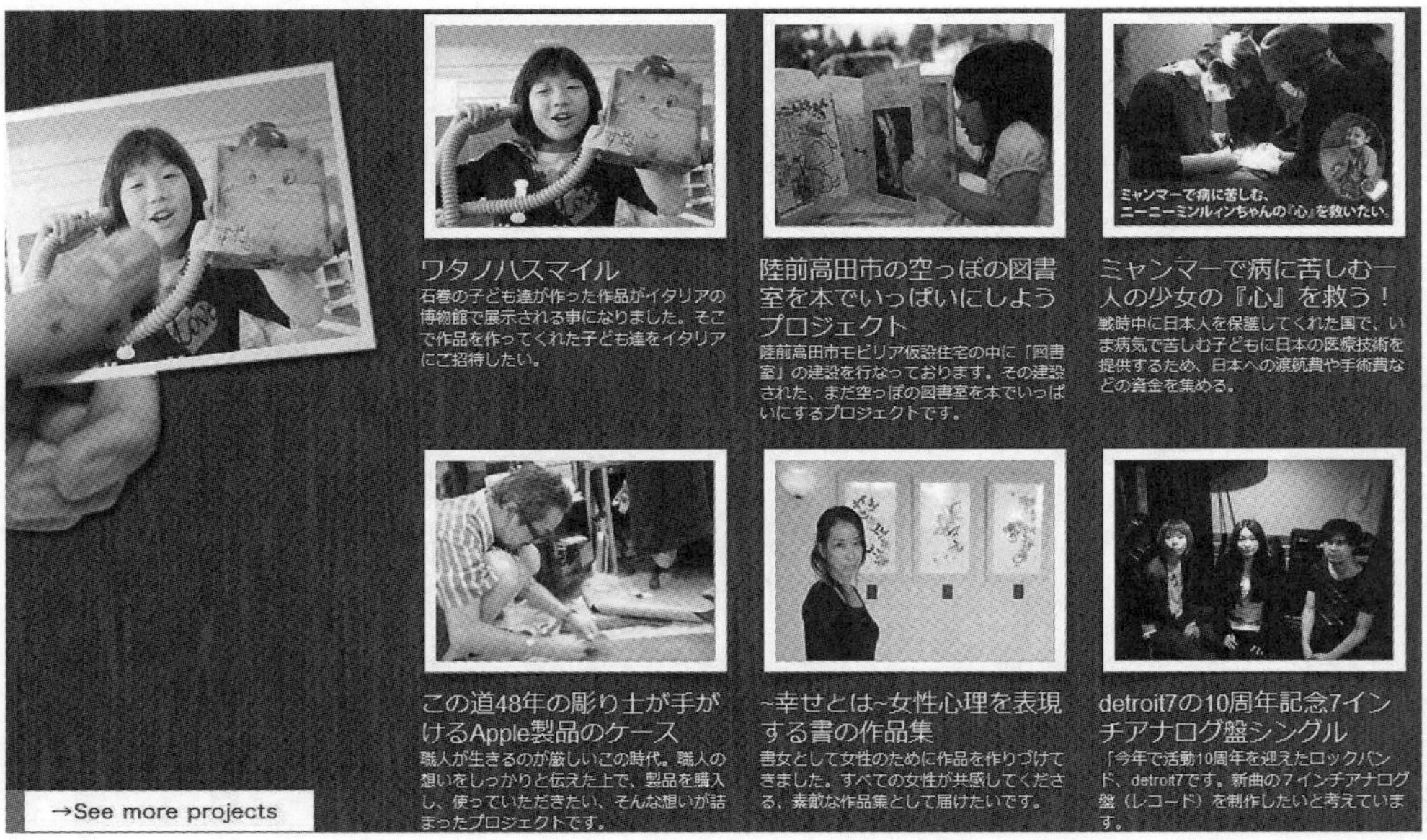

ミャンマーで病に苦しむ、
ニーニーミンルィンちゃんの『心』を救いたい。
ワタノハスマイル
石巻の子ども達が作った作品がイタリアの博物館で展示される事になりました。そこで作品を作ってくれた子ども達をイタリアにご招待したい。
陸前高田市の空っぽの図書室を本でいっぱいにしようプロジェクト
陸前高田市モビリア仮設住宅の中に「図書室」の建設を行なっております。その建設された、まだ空っぽの図書室を本でいっぱいにするプロジェクトです。
ミャンマーで病に苦しむ一人の少女の『心』を救う！
戦時中に日本人を保護してくれた国で、いま病気で苦しむ子どもに日本の医療技術を提供するため、日本への渡航費や手術費などの資金を集める。
この道48年の彫り士が手がけるApple製品のケース
職人が生きるのが厳しいこの時代。職人の想いをしっかりと伝えた上で、製品を購入し、使っていただきたい、そんな想いが詰まったプロジェクトです。
~幸せとは~女性心理を表現する書の作品集
書女として女性のために作品を作りづけてきました。すべての女性が共感してくださる、素敵な作品集として届けたいです。
detroit7の10周年記念7インチアナログ盤シングル
「今年で活動10周年を迎えたロックバンド、detroit7です。新曲の7インチアナログ盤（レコード）を制作したいと考えています。
→See more projects

支援金家具の合計	27,495,532 円
一人あたりの平均金額	7,433 円
ご支援いただいた人の数	3,699 人
掲載されたプロジェクト数	54 個
寄せられたコメント数	4103 回
tweet された回数	38,000 回以上
facebook のいいねの数	17,000 回以上
プロジェクト申請数	300 回以上

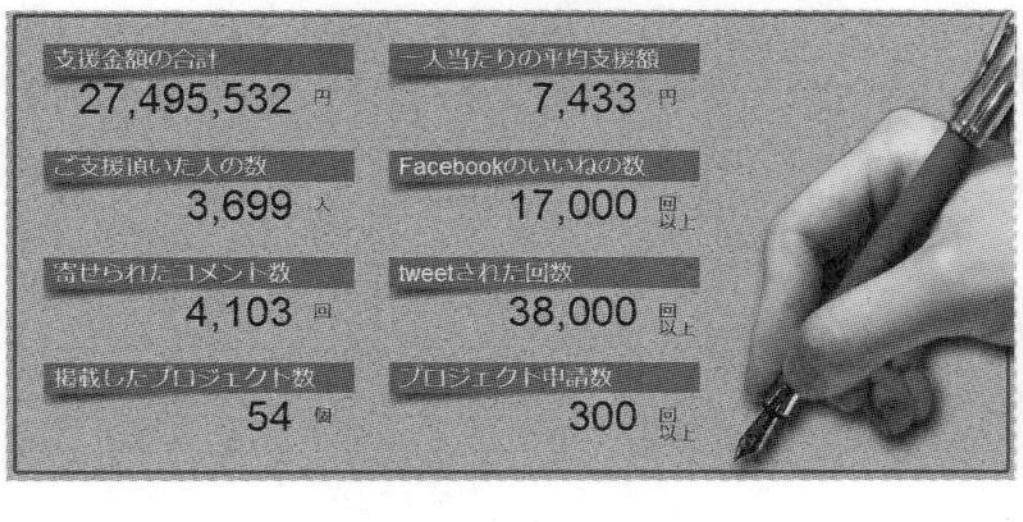

支援金額の合計
27,495,532 円
一人当たりの平均支援額
7,433 円
ご支援頂いた人の数
3,699 人
Facebookのいいねの数
17,000 回以上
寄せられたコメント数
4,103 回
tweetされた回数
38,000 回以上
掲載したプロジェクト数
54 個
プロジェクト申請数
300 回以上

おかげさまで一周年
5789
人もの人の輪の中で育ちました
ツイート 60
いいね！ 337

ファンドレイジング最前線 VOL. 13

休眠口座が日本の社会を創る

ひとり親に安価な病児保育を提供する中で、休眠口座の可能性に出会った

ＮＰＯ法人フローレンスでは、低所得なひとり親に安価な病児保育を提供していますが、その活動をする中でひとり親の人たちと仲良くなることがあります。様々な話をする中で彼らをとりまく環境、たとえば塾に通わせるなどの教育費がないために、学力が伸びず、大学に通えない、就職にも影響がでる、貧困の連鎖を目の当たりにしました。もし、この三年間だけでも融資をしてあげられることができたら、彼らの可能性をのばしてあげることができるのではないかと思い、その方法を模索し始めました。しかし小さなお金を気軽に貸してくれるところは消費者金融などしかありませんでした。

そんな中、日本でもマイクロファイナンスのような仕組みがないかなと思っていたときに、韓国のＮＰＯの方と話す機会がありました。そのときに彼らが韓国では休眠口座を活用して、そのような取組みをはじめるんだよ、と教えてもらったのです。

そこから、休眠口座に関する研究を開始しました。

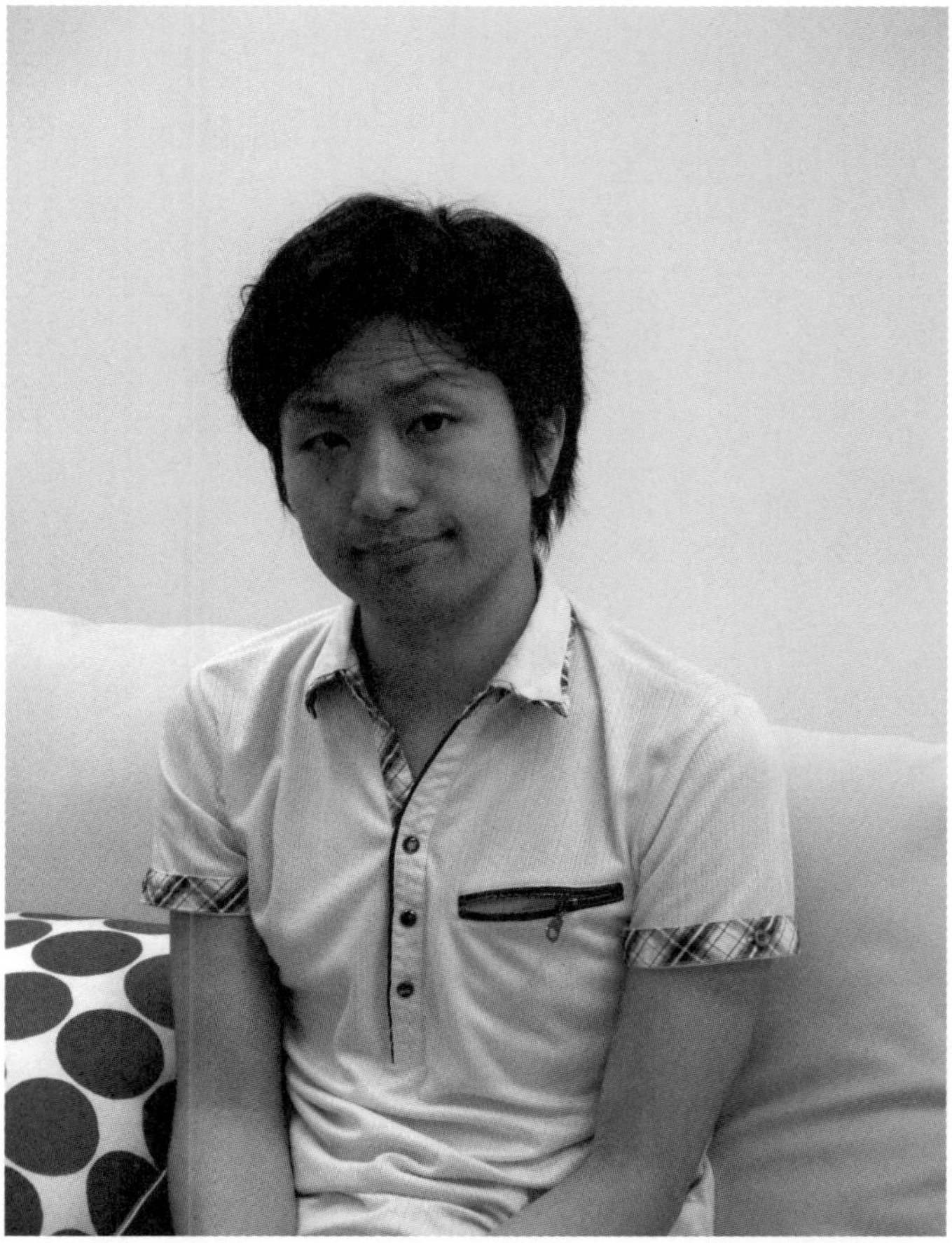

休眠講座国民会議メンバー・認定 NPO 法人フローレンス代表　駒崎弘樹さん

仲間を作って、訴えはじめた

研究を進める中で、休眠口座の活用によって、世界最大のマイクロファイナンス国になるのではないだろうか、というぐらいの大きな話だということに気づきました。

そして、ＥＴＩＣの力を借りプロボノ調査チームを結成し、２０１１年1月に新しい公共推進会議で休眠口座についてぶつけました。残念ながらその時は、いい反応ではありませんでした。失意を感じていましたが、その後、日本財団の笹川陽平会長がバックアップをしてくださることになり、実現に向けて加速しています。

そして古川元久国家戦略相がこの休眠口座を取り上げ、活用の政府決定を行なって下さったことにより、一気に実現まで近づきました。

しかし政治も不安定な状況で、もし、政権が交代してしまった場合、進んできた政策がゼロに戻ってしまう、それでは意味がないので、超党派の議員の方々に議論をし続けていってほしいと思っています。

実は、当初メディアは正しく休眠口座について伝えてはくれませんでした。「国民の預金に国が手を突っ込む」という論調でしたが、馬鹿げています。預金者の権利は保護され続けます。何年経っても返還には応じる、というのが本案の基礎にあります。

その後、少し状況が落ち着き、ＮＨＫを始めとしてちゃんと調べて伝えてくださるメディアも出て来て、いいイメージになってきました。今では世論の半数以上が休眠口座を復興支援や、子どもの為に使って欲しいという声にまでなっています。

イギリスや韓国での休眠口座活用を参考に、日本版の休眠口座基金を創設したい

イギリスでは「ビッグソサエティキャピタル」を設立し、社会的企業に投融資しています。彼らがどんどん成長し、国では中々手が回らないところに手を差し伸べ、広がりをみせています。戦略的に、どのように変化していくのかというビジョンを提示し、押し進めているところは見習うところだと思います。私たちも新しい公共ではこの点を意識し、実現したいビジョンを明示してきました。休眠口座基金は新しい公共を進める資金になると思っています。

一方韓国でも、「微笑金融中央財団」を設立し、民間の財団が運営していますので、機動的で、透明性が高く、そして大量のお金がＮＰＯ業界に流れています。もし日本でも休眠口座の活用が実現すると、その資金は毎年５００億円とも言われていますので、これはすごいことです。

子どもたちへの奨学金制度、社会的企業、NPOへの投融資、マイクロファイナンスのネットワーク構築を実現したい

休眠口座基金が創設されたら、子どもたちの奨学金などに使ってもらいたいです。例えば、児童養護施設の子どもたちは一般大学進学率は16％程度に過ぎません。その大きな理由

休眠口座とは

休眠口座とは、長い間引き出しや預け入れなどの取引がされていない銀行預金のことです。最後にお金を出し入れした日や定期預金の最後の満期日から、銀行では10年、ゆうちょ銀行では5年以上経ったものの中で、預金者と連絡がつかない場合、休眠口座とみなされます。現在では、休眠口座の預金は全国銀行協会などの内規により、銀行の収入になっています。

詳しくは、こちらから。
休眠口座について考えるための情報サイト
http://kyumin.jp/

Kyumin.jp
休眠口座について考えるための情報サイト
Last Updated: April 16, 2012 10:54 AM
このサイトについて
休眠口座とは？
休眠口座の活用案
海外での活用例
よくあるご質問

は経済的な理由になります。子どもたちの可能性をのばすためにも、子どもたちへの無利子もしくは低利子の奨学金制度を創設させたいです。

そして次に、社会的企業、NPOへの投融資です。特に、スタートアップ時はまとまったお金が必要になりますが、中々お金を借りることができないのが現状です。助成制度などもありますが、もし、助成金を受け取ることができたとしても使途が限られている場合が多く、自由に使えない場合が多く見受けられます。そういった問題を解決するために、例えばビジネスプランコンテストなどと結びつけて、投融資を決定しても面白いかなと思います。

そしてマイクロファイナンスのネットワークを作りたいです。現状でもNPOバンクがありますが、お金を集めるのが大変な状況だという話も聞いています。そういったNPOバンクに例えば一年間一億円を無利子でお金を貸し、NPOバンクは低利子でお金を貸すというシステムを作ることができると、その地域で静脈のような金融をつくることができるのではないかと思っています。

もちろんNPOバンクだけでなく、信用金庫、信用組合などにも同様にお金を投入し、もうひとつのセーフティネットを作りたいです。社会が変わると思います。

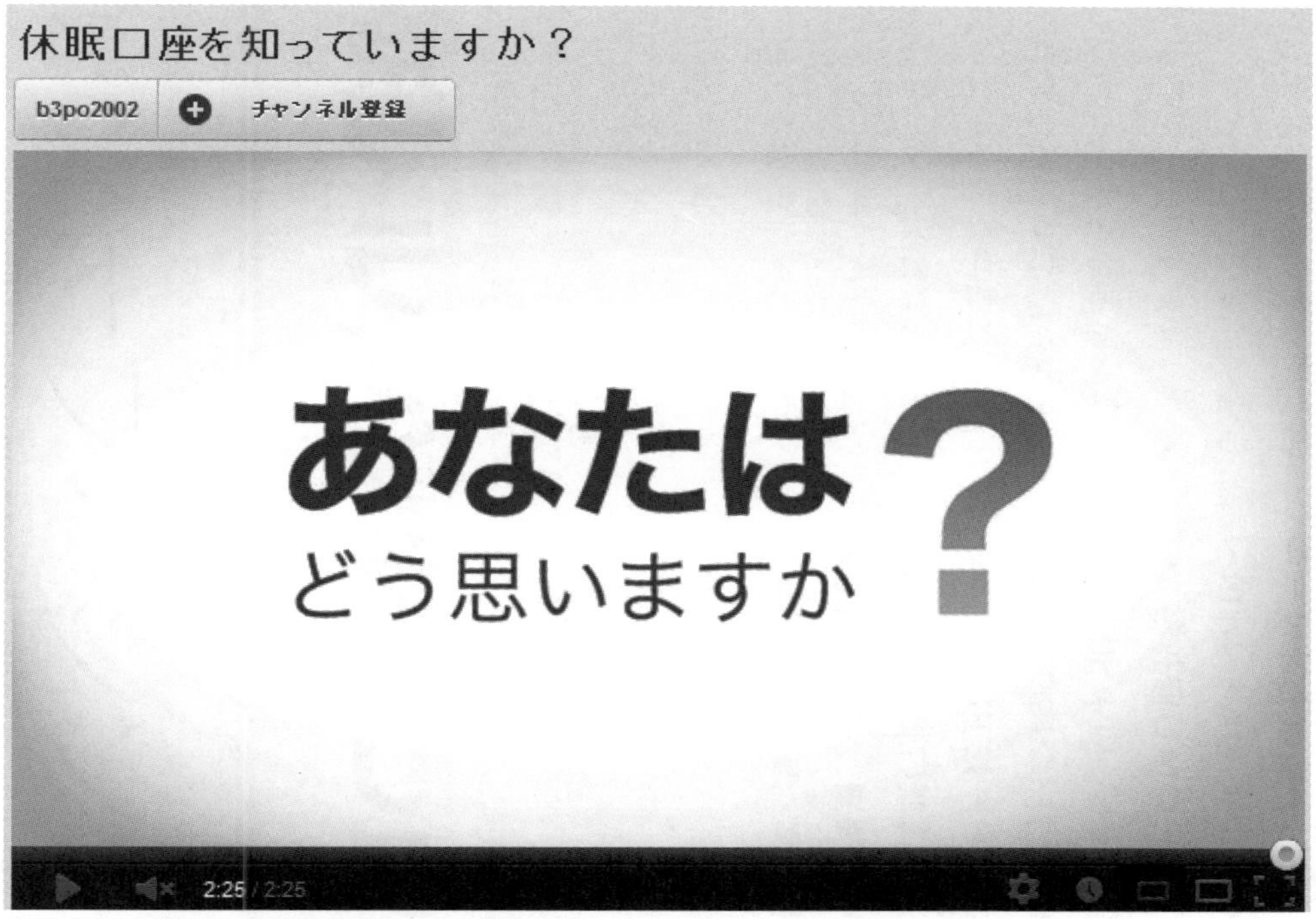
休眠口座を知っていますか？
b3po2002
チャンネル登録
あなたは？
どう思いますか
2:25 / 2:25

動画で見る休眠口座「休眠口座を知っていますか？」
http://www.youtube.com/watch?v=j1QRWDOsI4A&feature=player_embedded/

一緒に訴えてほしい

読者のみなさんとともに、国や政府にこの休眠口座基金を創設すべく一緒に訴えてほしいと思います。もし、この休眠口座基金が創設されると、ファンドレイザーにとって新しい資金調達のチャネルが得られ、NPOセクターに大量のお金が流れる訳ですから、社会は加速して変化を遂げると期待しています。是非、協力してください。

Profile

認定特定非営利活動法人フローレンス

こどもの熱や軽い病気の時に、安心して預けられる場所が圧倒的に少ないという「病児保育問題」を解決するNPO法人。2008年6月内閣府『女性のチャレンジ支援賞』受賞。2008年9月(財)社会経済生産性本部 サービス産業生産性協議会『ハイ・サービス日本300選』をＮＰＯ法人で全国初受賞。2009年2月経済産業省『ソーシャルビジネス』55選に選出される。2011年12月ニューズウイーク日本版「日本を救う中小企業１００」に選出。2012年1月Great Place to Work　働きがいのある会社　中小企業（従業員250人以下）部門第8位。
http://www.florence.or.jp/

ファンドレイジング最前線……………… VOL.14

東京マラソンチャリティ〝つなぐ〟

スポーツ×チャリティ、この組み合わせは今では珍しいことではない。様々なマラソン大会などで参加費が寄付されるような仕掛けもあるが、日本においてそういったスポーツ大会でのチャリティ活動を牽引してきているのが「東京マラソン」である。そして、その仕組みは、参加費の一部が寄付されるといった単純なものではない。

マーケティング本部リレーション推進部長の浦久保氏に東京マラソンにおけるチャリティにかける思いをお聞きした。

東京マラソンでのチャリティはまだ3年目、正直、試行錯誤しながら行っています。東京マラソンのチャリティは、単に寄付を集めるだけでなく、10万円以上の寄付をいただく方が、任意で、大会に参加できるチャリティランナー制度があります。初年度の2011大会では707名で7,325万3,580円、2012大会では1,743名で1億8,197万3,159円の寄付が集まりました。三年目の今年は、もっと多くの方にチャリティランナーとして走っていただきたい、また、できるだけ多くの方にこのチャリティ制度を知ってもらいたいと思い、チャリティ・サポートシステム

東京マラソン財団　浦久保 和哉さん

©東京マラソン財団

「Run with Heart（ランウィズハート）」を導入し、家族や友人など周りの人から10万円の寄付を集めると東京マラソンに参加ができる、関わりやすい仕組みを作りました。また、ご要望があったこともあり、法人での募集も開始し、企業が社員の社会貢献活動を促進させられるような仕組みも取り入れました。寄付先は「つなぐ」をコンセプトにテーマを設定し、指定した寄付先事業の中から選ぶことができます。

自分の想い（寄付）だけでなく、友人や仲間の想い（寄付）を集めて、みんなの想いを〝つなぐ〟ランウィズハート。HPにはランウィズハートを活用したチャリティランナーがどのようにしたら寄付が集まりやすいかなどのポイントも紹介されている。より多くの方が「つなぐ」事業に賛同し、このチャリティ制度を活用してほしいというお気持ちがうかがえる。実際、このランウィズハートのランナーからどのような声が聞かれるのだろうか。

こういう仕組みを待っていた、これを利用して頑張ります、などの反響がありました。東京マラソンは倍率も高く、エントリーしても参加ができないという声もたくさんいただきます。残念ながら抽選で通らなかった方でも、このランウィズハートを利用し、社会に資する寄付事業に充てる10万円を集めることで、大会に参加することができますので、積極的に活用してほしいです。

ランナーから預かった寄付は全額指定された寄付先事業に寄付される。思いを託されたお金を届け、未来に「つなぐ」事業。寄付額、チャリティランナーの数も年々増加し、日本における社会貢献意識の高まりも少しずつ感じられます。

チャリティ〝つなぐ〟事業では、チャリティ制度で参加された方には、寄付金の使途を明確にするためにも、チャリティランナーの方に実際に寄付先の団体のイベントに参加していただいたり、そのレポートをHPに掲載したりとできるだけ皆さんにわかりやすく伝えようと心がけています。イベントなどに参加され

た方からは、寄付がどのように使われているかみることができ、チャリティランナーとしての自信と自覚につながるなどという声も届いています。

チャリティ・サポートシステム
〔Run with Heart（ランウィズハート）〕
ホームページ

公益財団法人そらぷちキッズキャンプ

2011大会の寄付金で、
難病の子どもたちが車いすで利用できる
「ツリーハウス」を整備しました。

©東京マラソン財団

東京マラソンの役割は、ただ単に寄付をするということにとどまらない。

東京マラソンはメディアとして寄付先団体にはもっと活用してほしいと思っています。東京マラソンを通じて、様々な社会課題があることを知ってもらい、関わってもらうきっかけになれば嬉しいです。チャリティランナーを競いながら獲得するぐらいの積極的な働きかけがあってもいいかなと思います。私たちももっと関わりやすい仕組みを提供し、同じ意識で取り組んでもらえるようにしたいと思っています。

東京マラソンは、ランナーだけでなく、多くのボランティアや沿道で応援する人たちの心をつないで大きく成長してきた。関わっている人の生き生きとした表情も印象的なのも東京マラソンの特徴である。

日本におけるスポーツを通じたチャリティ活動を牽引し、進化し続けるだろう東京マラソンに、今後の展望をお聞きした。

ロンドンマラソンやニューヨークシティマラソンなどでは、大会自体がチャリティイベントとなり、多くのランナーがチャリティを目的に参加しています。その盛り上がりはどのようにしたら寄付が集まるか、寄付を受ける団体自らがランナーに積極的にＰＲしているほどです。

東京マラソンでは、スポーツを通じたチャリティ活動が、日本でより一層定着するような環境づくりの一助となるように今後も取り組んでいければ幸いです。

Profile

東京マラソンチャリティ "つなぐ"

東京マラソンチャリティ "つなぐ"は、ランナーだけでなく多くの人たちを「ひとつにする」ことを目指し、2011大会よりスタートした東京マラソンのチャリティ活動です。寄付先は、"つなぐ"をコンセプトにテーマを設定。寄付先事業のチャリティ活動に充てている。
http://www.tokyo42195.org/2013/tsunagu